SOUS VIDE

Susann Kreihe | Fotografie: Volker Goldmann

SOUS VIDE

Sanftes Garen für perfektes Fleisch

150 Rezepte für Fleisch, Fisch, Gemüse & Desserts

CHRISTIAN

INHALT

EINLEITUNG 6

RIND 23

KALB 64

LAMM 100

SCHWEIN 132

GEFLÜGEL 172

FISCH 204

MEERESFRÜCHTE 248

DESSERT 274

REZEPTREGISTER 316

IMPRESSUM 319

EINLEITUNG

KOMET
GERMANY
Sous-Vide
Professional
TEMP
MOD
TIME

VORWORT

Die kulinarische Welt ist riesengroß, wir schauen mit glücklichen Augen weit über unseren Tellerrand hinaus, und die Grenzen zwischen Sterneküche und Hobbykochen, aber auch zwischen den verschiedenen Traditionen der Länder verschwimmen zunehmend. Die Lust am Kochen ist groß, und Plattformen wie Pinterest und Instagram ermöglichen es Foodies und Kochverrückten, ihre Liebe zu gutem Essen und vor allem dessen Zubereitung zu teilen. Das ist der Grund, warum es heute Kochbücher wie dieses hier gibt. Und ich bin sehr glücklich darüber. Es ist nicht nötig, mehrere Hundert Euro in Sternerestaurants auszugeben, nur um Kulinarik auf höchstem Niveau zu erleben. Auch wenn ich das zweifelsohne jedem ans Herz legen kann.

An dieser Stelle spreche ich nicht nur technikaffine Männer an, denen das Kochen mit digitalisierten Geräten oft gerade auf Grund der Technik riesigen Spaß macht. Jeder kann vom Sous-Vide-Garen profitieren. Ermöglicht es doch, das Essen auf den Punkt zu garen und mit wenigen Schritten zu finalisieren. Die Gäste dürfen sich ab heute eben auch gerne mal verspäten, dem perfekten Rinderfilet macht das gar nichts aus!

Sie finden ein großes Kapitel über Fleisch, in dem verschiedenste Teilstücke von Rind, Kalb, Schwein, Lamm oder Geflügel sous vide gegart werden. Außerdem können sich Liebhaber von Fisch, Meeresfrüchten und Garnelen auf tolle Kreationen freuen. Für alle Süßschnäbel habe ich Ihnen eine bunte Vielfalt an Nachspeisen mit Obst, Beeren und Cremes zusammengestellt. Außerdem enthalten die Zubereitungen auch verschiedene Marinaden, Dressings und Beilagen aus Gemüse und Hülsenfrüchten. Neben leckeren Saucen habe ich auch passende Toppings für die Gerichte ausgewählt, die nicht nur optisch, sondern auch geschmacklich hervorragend passen.

Genießen Sie zu Hause, mit Freunden, auf dem Balkon oder am Grill zum Beispiel eine zarte rosa gegarte Entenbrust in Lavendelhonig, ein saftiges Pollo fino mit Erbsensprossen-Salat oder eine Sushi Bowl mit Sous-Vide-Lachs.

Ich wünsche Ihnen kulinarische Erlebnisse, die Sie so schnell nicht mehr vergessen werden. Denn mit Sous Vide ist es kein Problem mehr, wenn die Schwiegereltern sich etwas verspäten.

Ihre Susann Kreihe

WAS IST SOUS VIDE?

Sous Vide - der Begriff stammt aus dem Französischen und bedeutet übersetzt »unter Druck«. Und meint damit das Einschweißen von Fleisch, Fisch, Geflügel, Obst, Gemüse oder Hülsenfrüchten in spezielle hitzebeständige Folienbeutel, um sie anschließend in einem Wasserbad bei einer konstanten (niedrigen) Temperatur über eine bestimmte Zeit zu garen. Im Vakuum werden die flüchtigen Aroma- und Geschmacksstoffe eingeschlossen, Wasser oder Fleischsaft kann nicht austreten. Außerdem intensiviert sich der Eigengeschmack der Zutaten und es entsteht ein hocharomatischer Sud. Dieser kann schnell und ohne langes Einkochen zu einer leckeren Sauce verarbeitet werden. Die gegarten Produkte können, nachdem sie gekühlt wurden, längere Zeit aufbewahrt werden. Es klingt einfach? Ist es auch. Wenn man sich an einige wenige Regeln hält und das nötige Equipment parat hat.

ENTSTEHUNG/GESCHICHTE

Die Methode entstand in den 1970er Jahren in Frankreich – anfangs mit Laborgeräten . Der Hintergedanke dabei war , eine kontrollierbare und aromaschonende Zubereitungsmethode zu finden. Jetzt, fast 50 Jahre später, kann jeder nach seinem Gusto Geräte jeglicher Preiskategorie kaufen und es selbst ausprobieren. Dabei reicht die Bandbreite von Anleitungen zum Selbstbausatz bei youtube bis hin zu Profigeräten.

Das Garen im Thermalisierer gibt Ihnen eine Methode an die Hand, die Gelingsicherheit bietet. Unter der Voraussetzung, dass die Rohprodukte von ausgezeichneter Qualität und Sauberkeit hinsichtlich Schlachtung, Ernte, Verarbeitung, Transport etc. sind.

Eine wissenschaftliche Abhandlung über das Verhalten der verschiedenen Eiweiße und Bausteine in den Lebensmitteln werden Sie hier nicht finden. Dazu kann ich Ihnen das Sous-Vide-Buch von Hubertus Tzschirner, das zusammen mit Prof. Dr. Thomas A. Vilgis entstanden ist, sehr ans Herz legen. Bis ins kleinste Detail ist darin beschrieben, wie sich welches Eiweiß bei welcher Temperatur verändert. Auch Heiko Antoniewicz, seines Zeichens Sternekoch mit herausragenden Kenntnissen zum Sous-Vide-Garen, beschreibt eingehend die Gefahren, die durch Keime und Bakterien entstehen können, dies allerdings im Hinblick auf die Gastronomie. In der Hobby-Gourmet-Küche geht es aber vielmehr um das Ausprobieren und Herantasten an das perfekte Ergebnis. Alle Rezepte in diesem Buch sind nach meinen Vorlieben entstanden. Ich empfehle Ihnen aber, auch eigene Versuche anzustellen. Sie mögen Ihr Fleisch ggf. bei 2 °C weniger gegart, dafür aber 30 Minuten länger. Kein Problem, probieren Sie es aus. Es kann nicht viel schiefgehen. Entscheidend für die Gardauer ist immer die Dicke des Fleisches, nicht etwa das Gewicht.

DAS EQUIPMENT

Zwei Geräte sichern Ihnen das perfekte Ergebnis beim Garen von Fleisch, Fisch, Gemüse oder Obst.

DAS VAKUUMIERGERÄT

Um die rohen Lebensmittel in Beutel einzuschweißen, verwenden Sie ein Vakuumiergerät (ugs. Vakuumierer). Man unterscheidet zwei verschiedene Systeme: Außen- oder Kammervakuumierer. Beim Außenvakuumierer, der schon für unter 100 Euro angeboten wird, legt man nur die Öffnung des Beutels in die Maschine. Diese zieht dann die Luft ab. Die Beutel sind meist an der Oberfläche strukturiert, das gewährleistet ein besseres Absaugen der Luft. Im Gegensatz dazu legt man beim Kammervakuumierer den befüllten Beutel in eine Kammer ein und bei geschlossenem Deckel startet der Vakuumiervorgang automatisch. Diese Profigeräte liegen preislich allerdings meist im vierstelligen Bereich.

Je nach eigenem Anspruch, kann man mit den einfacheren Außenvakuumierern schnell unzufrieden sein. Denn zum Beispiel Flüssigkeiten lassen sich nicht vakuumieren, sie würden wie die Luft aus dem Beutel herausgezogen werden. Alternativ können Sie die Flüssigkeiten vorher in Eiswürfelformen einfrieren. Das bedeutet vorplanen; wann wird welche Flüssigkeit für welches Rezept benötigt?

Die Schweißnähte sind meist in Ordnung. Vorsichtshalber kann man eine zweite Schweißnaht neben die erste setzen. Allerdings schaffen diese Haushaltsgeräte kein optimales Vakuum von 99,9 % und Einstellungen wie »Soft« gibt es ebenfalls nicht. Von diesen kleinen Schwierigkeiten einmal abgesehen, bei denen man aber ein Auge zudrücken kann, sind diese Geräte gute Einstiegsmodelle.

Profigeräte wie der Gourmet Saver (s. Bild S. 13 links) von Komet bieten als Kammervakuumierer dagegen sehr gute Ergebnisse. Der Beutel mit dem Gargut wird in die Kammer eingelegt. Bei anderen Versionen kann man den Innenraum mit Platten verkleinern oder eine Schrägeinlage gegen das Auslaufen von Flüssigkeiten einlegen. Bei geschlossenem Deckel entzieht das Gerät die Luft aus dem Beutel und verschweißt ihn. Dabei lassen sich sowohl das Vakuum als auch die Schweißnaht in Stufen einstellen. Qualität hat auch hier ihren Preis, bringt am Ende aber auch perfekte Ergebnisse. Zweifelsohne geht es auch (nicht ganz so perfekt) mit einer einfacheren Ausstattung.

Blitz-Tipp für Einsteiger 1:

Wollen Sie einen allerersten Versuch starten, ohne viel Geld zu investieren? Suchen Sie sich ein einfaches Rezept zum Beispiel mit Hähnchenbrust aus. Nehmen Sie hitzebeständige Zipperbeutel, füllen Sie die Zutaten ein, verschließen Sie den Zipper bis auf 2 cm. Tauchen Sie ihn in eine große Schüssel mit Wasser, sodass die Luft langsam von unten nach oben entweichen kann. Den Beutel dann ganz verschließen, bevor Wasser eindringen kann. Das Garen ohne Thermalisierer oder Sous-Vide-Stick erkläre ich Ihnen gleich im Anschluss unter diesem Kapitel.

DER SOUS-VIDE-STICK/DER THERMALISIERER

Kurz beschrieben handelt es sich um ein Wasserbad, das eine konstante Wassertemperatur (Abweichung von etwa 0,1–0,5 °C über einen bestimmten Zeitraum hält. Die Ausführungen sind unterschiedlich. Es gibt günstige Einsteigermodelle, sogenannte Sous-Vide-Sticks. Sie werden an den Topfrand gesteckt, Temperatur und Zeit werden über ein Display eingestellt. Sie erwärmen das Wasser im Topf und halten die Temperatur. Leider stoßen diese Sticks bei größeren Wasserbädern an ihre Grenzen und schaffen es dann nicht, die Temperatur zu halten. Auch sind bei ihnen ggf. größere Temperaturschwankungen möglich, was zu einem veränderten Ergebnis führen kann. Selbstgebaute »Deckel« sind sehr zu empfehlen, verhindern sie doch das Verdampfen des Wassers und unterstützen so das Konstanthalten der Temperatur. Dazu ist Alufolie gut geeignet (aus Umweltschutzgründen würde ich allerdings auf den Einsatz verzichten) oder aber ein Silikondeckel, in den seitlich ein Schlitz geschnitten wurde, um den Stick zu integrieren.

Die zweite Ausführung sind Wasserbäder, bei denen eine Wanne mit Wasser befüllt wird, in deren Boden eine Heizquelle integriert ist. Auch hier lassen sich Temperatur und Zeit einstellen. Wasserbäder mit Umwälzpumpen arbeiten noch genauer und halten die Temperatur laut Herstellerangaben auf bis zu ±0,01 °C konstant. Sie sind für ein gutes Ergebnis aber nicht zwingend nötig. Um die 1000 Euro muss man für solch ein »Profi«-Gerät ausgeben. Einige Anbieter auf dem Markt haben inzwischen Haushaltsgrößen entwickelt, die im freien Verkauf sind. Handliche Geräte, wie zum Beispiel von Komet (s. Bild S. 13 rechts), mit einem 6- oder 14-Liter-Wasserbad bieten ein Rundum-Sorglos-Paket.

Blitz-Tipp für Einsteiger 2:

Füllen Sie einen großen Topf zur Hälfte mit heißem Wasser, mit einem Digital-Thermometer können Sie die Temperatur überprüfen. Füllen Sie kaltes oder warmes Wasser nach, bis zur gewünschten Temperatur. »Vakuumiertes« Fleisch (Erläuterung s. o.) ins Wasserbad legen. Im 60 °C warmen Backofen die angegebene Zeit garen. Überprüfen Sie bitte zwischenzeitlich die Temperatur im Wasserbad.

DIE VAKUUMBEUTEL

Die Folienbeutel müssen hitzebeständig und frei von Weichmachern sein. Meist sind sie aus Polyethylen. Die Beutel für Kammervakuumierer sind Siegelrandbeutel und besitzen eine glatte Oberfläche. Siegelrandbeutel sind bereits an drei Seiten verschweißt und nur die offene Seite muss noch versiegelt werden. Für Außenvakuumierer verwendet man Folienbeutel mit strukturierter Oberfläche. Weiterhin gibt es Kochbeutel und Schrumpfbeutel. Kochbeutel vertragen höhere Temperaturen, bis zu 120 °C, und können längere Garzeiten überstehen. Auf den Verpackungen sind jeweils die maximalen Gartemperaturen und die maximale Garzeit angegeben. Für große Fleischstücke benötigen Sie größere Beutel, die aber problemlos über das Internet zu beziehen sind. Schrumpfbeutel werden nach dem Vakuumieren kurz in kochendes Wasser getaucht, dadurch schrumpft der Beutel und legt sich dicht um das Gargut. Dieses Verfahren ist vorteilhaft für Fleischstücke, die ihre Form behalten sollen, außerdem wird der Fleischsaft besser im Gargut gehalten.

DIE GARTEMPERATUREN

Die Gartemperaturen für die einzelnen Produktgruppen unterscheiden sich durch ihre molekularen Strukturen. Zarte Fleischstücke (u. a. Filet, Hüfte oder Rücken) und Fisch werden bei deutlich niedrigeren Temperaturen gegart. Schmorfleisch und bindegewebsreiches Fleisch sowie pflanzliche Lebensmittel benötigen höhere Temperaturen, damit sich ihre zellulären Strukturen verändern und sie weich werden. Hülsenfrüchte werden nahezu an der eigentlichen Kochtemperatur gegart. Wem jetzt der Gedanke kommt, dass man sie ja auch gleich konventionell kochen könnte, dem empfehle ich dieses kulinarische Neuland einfach auszuprobieren – Linsen erhalten vakuumiert im Wasserbad gegart einen feinen Biss und ein leicht nussiges Aroma.

Grundsätzlich lässt sich aber ein Temperaturbereich festlegen, in dem die Produktgruppen eine Toleranz zulassen. Fisch wird im Bereich von etwa 45°C bis 65 °C gegart. In der Gastronomie wird u. a. Lachs auch schon ab 41 °C »gegart«, was eher einem Erwärmen gleichkommt und eine gelartige Konsistenz hervorbring. Ausprobieren ist hier immer empfohlen, auch wenn ich dieses Garverfahren im Buch nicht angewendet habe. Nicht ganz ungefährlich ist der niedrige Temperaturbereich allerdings, bei eventuell durch Krankheitserreger kontaminierten Stücken, die sich in diesem Temperaturbereich schnell ungehemmt vermehren können. Vor allem Menschen mit einem geschwächten Immunsystem wird vom Verzehr nicht durchgegarter Lebensmittel wie Fisch und Fleisch abgeraten.

Die Gartemperaturen von Oktopus und Pulpo liegen um die 75 °C für ein optimales Ergebnis.

Fleisch wird aufgrund des Bindegewebsanteils in unterschiedliche Gruppen eingeteilt. Bindegewebsarmes (und gut abgehangenes) Fleisch, also u. a. Filet, Brust, Rücken, gart am besten zwischen 50 °C bis 60 °C. Bindegewebsreiches Fleisch zum Schmoren, also etwa Haxe, Bauch oder Schulter, gart eher im oberen Bereich von 65 °C bis 75 °C.

Geflügel, egal ob Brust, Keule oder ganze Geflügel, gart ab 54 °C bis etwa 70 °C. Durch die Sous-Vide-Methode bleibt Geflügelfleisch immer unvergleichlich saftig und zart.

Gemüse ist durch seine feste Struktur auf höhere Temperaturen angewiesen. Im Bereich von 70 °C bis 90 °C gegart, erhalten Sie ein bissfestes und intensiv schmeckendes Lebensmittel. Um die feste Struktur der Produkte aufzuschließen, muss etwas Flüssigkeit zum Garen mit vakuumiert werden.

Bei den Obstsorten werden vor allem weichere Sorten, wie Beerenobst oder Zitrusfilets, im unteren Bereich von 60 °C bis 65 °C gegart und festere Sorten, wie zum Beispiel Apfel, Nektarine oder Ananas, bei bis zu 85 °C. Durch das Marinieren bekommen die Obstsorten ein intensives Eigenaroma. Sie zerkochen nicht musig, sondern behalten ihre feine Struktur.

TEMPERATURTABELLE

Fleisch		
Schweinefilet	57 °C	50 Min.
Rinderfilet	56 °C	2 Std.
Entenbrust	62 °C	35 Min.
Kalbstafelspitz	56 °C	3 Std.
Lammkarree	58 °C	35 Min.
Hühnerbrust	65 °C	40 Min.
Hühnerschenkel	65 °C	1:30 Std.
Fisch		
Lachs	46 °C	20 Min.
Wolfsbarsch	52 °C	15 Min.
Jakobsmuscheln	46 °C	25 Min.
Garnelen	56 °C	20 Min.

Gemüse		
Kirschtomaten	75 °C	40 Min.
Kartoffeln (mit Schale)	85 °C	50 Min.
Spargel	85 °C	25 Min.
Kürbis	50 °C	2 Std.
Aubergine (ganz)	85 °C	1 Std.
Schalotten	85 °C	1:30 Std.
Süßkartoffeln	85 °C	45 Min.
Karotten	85 °C	50 Min.
Artischocke	85 °C	45 Min.
Obst		
Pfirsich	85 °C	15 Min.
Kirschen	70 °C	25 Min.
Birne	85 °C	25 Min.
Zwetschgen	70 °C	25 Min.
Erdbeeren	65 °C	15 Min.
Apfel	85 °C	25 Min.
Feigen	65 °C	25 Min.
Rhabarber	75 °C	20 Min.
Ananas	85 °C	1:10 Std.
Trauben	75 °C	15 Min.
Nektarine	75 °C	15 Min.

Im Grunde besteht die Sous-Vide-Methode aus 3 gleichen Schritten: vakuumieren, garen und finalisieren.

Beim Vakuumieren wird das Gargut mit Gewürzen, Kräutern, Flüssigkeiten, Ölen und Fetten luftdicht in hitzebeständigen Folienbeuteln stoßfest verschweißt. Das Vakuum ist im Idealfall 99,9 %, es sei denn, es wird bei zarten und druckempfindlichen Lebensmitteln mit einer sanften Vakuumstufe gearbeitet.

Das Garen erfolgt im Wasserbad. Ein zirkulierendes Wasserbad, das mithilfe einer Umwälzpumpe das Wasser ständig in Bewegung hält, hält die gewählte Temperatur gleichmäßiger. Bei Wannenbädern, die ihre Heizquelle am Boden haben, ist häufig auch das Wasser am Boden heißer, als an der Oberfläche. Beide Techniken funktionieren jedoch gleichermaßen.

Sollten sich größere Luftansammlungen im Beutel bilden, beschweren Sie ihn, damit das Gargut ganz unter Wasser liegt. Legen Sie nicht mehrere Beutel übereinander, da sonst das Wasser nicht genügend zirkulieren kann. Besser nebeneinander.

Gegart wird in diesem Buch immer im Bereich der Zielkerntemperatur. Das heißt, das Wasserbad hat nur eine geringfügig höhere Temperatur, als das Produkt am Ende des Garvorgangs haben soll. Dies führt auch dazu, dass Sie für Gerichte in diesem Buch keinen separaten Temperaturfühler benötigen.

Bitte überprüfen Sie gelegentlich mithilfe eines Digitalthermometers die eigentliche Wassertemperatur im Vergleich zur angezeigten Temperatur im Display. So können Sie sichergehen, dass die Garzeiten für das Produkt ausreichend sind. Sollte die Temperatur unterhalb der benötigten Temperatur liegen, sollten Sie die Garzeit verlängern.

FINALISIEREN ODER KÜHLEN UND AUFBEWAHREN

Nach dem Garen können Sie die Zutaten sofort verwenden und wie im Rezept beschrieben fertigstellen. In manchen Fällen brauchen die Komponenten für ein Gericht unterschiedliche Temperaturen und Garzeiten. Dann können Sie die fertig gegarten Vakuumbeutel rasch auf etwa 2 °C herunterkühlen und im Kühlschrank aufbewahren. Das Herunterkühlen funktioniert in der Haushaltsküche am besten in Eiswasser. Zum Regenerieren wird das Gargut im Vakuumbeutel im Wasserbad bei derselben Temperatur erwärmt, die beim Garen verwendet wurde oder auf etwa 56–58 °C Serviertemperatur gebracht.

Durch das reine Sous-Vide-Garen fehlen den Produkten leider sehr wohlschmeckende Röstaromen. Durch das nachträgliche Anbraten, Grillen oder Bräunen mit dem Bunsenbrenner können diese zugeführt werden. Auch vor dem Sous-Vide-Garvorgang kann das Fleisch schon angebraten werden. Diese Variante wird gelegentlich auch als »Rückwärtsgaren« bezeichnet.

LEBENSMITTEL VORBEREITEN

Die Rohprodukte sollten von ausgezeichneter Qualität sein, da Sie ein schlechtes Grundprodukt durch das Sous-Vide-Verfahren nicht besser machen können. Die Zugabe von Kräutern und Gewürzen kann sparsam erfolgen, da sich die Aromen im Vakuum potenzieren. Knoblauch bei langen Garzeiten bitte in kleinen Mengen verwenden!

Auf Olivenöl sollten Sie bei längeren Garzeiten verzichten, dann eher Butter verwenden. Testen Sie Ihr Lieblingsolivenöl, ob es nach dem Garen noch Ihrem Geschmack entspricht oder sich geschmacklich negativ entwickelt hat. Verwenden Sie alternativ andere milde, geschmacksneutrale Öle.

Bei Marinaden mit Wein verkochen Sie diesen vorher kurz, er kann sonst dazu führen, dass Fleisch ungleichmäßig gart.

Kühlen Sie die Lebensmittel vor dem Vakuumieren auf 2–3 °C herunter, um ein möglichst vollständiges Vakuum zu erzeugen.

Bei Blasenbildung im Vakuumbeutel während des Vakuumiervorgangs die Vakuum-Stopp-Taste drücken, um den Vorgang abzubrechen. Da sonst die Vakuumpumpe beschädigt wird.

Besitzen Sie einen Profi-Vakuumierer mit Serviceprogramm, zum Beispiel von Komet, führen Sie entsprechend der Bedienungsanleitung das Serviceprogramm durch.

Die oft beschriebene Softbelüftung ist nicht bei allen Geräten verfügbar. Sie verhindert, dass spitze Knochenstücke die Beutelwand beschädigen, da die Luft langsamer aus dem Beutel entzogen wird. Alternativ können Sie die Knochenenden mit Backpapier umwickeln und so den Beutel vor Durchstechen schützen.

In einigen Rezepten wird das Fleisch in eine Salzlake eingelegt. Durch das Pökeln wird das Fleisch weicher und kann außerdem besser Aromen aus den Würzzutaten aufnehmen. Probieren Sie diese Methode ruhig auch bei anderen Zubereitungen aus.

SCHRITT FÜR SCHRITT

1. Lesen Sie sich das Rezept vor der Zubereitung von Anfang bis Ende durch.

2. Legen Sie alle Zutaten bereit.

3. Heizen Sie den Thermalisierer auf die angegebene Temperatur vor. Oder bereiten Sie das Wasserbad für den Sous-Vide-Stick vor.

4. Das Wasserbad kann auch mit warmem oder heißem Wasser befüllt werden. Gießen Sie dann kaltes Wasser dazu, bis die entsprechende Temperatur erreicht ist.

5. Krempeln Sie den oberen Rand des Vakuumbeutels etwa 2–3 cm nach außen um, damit der Bereich, in dem die Schweißnaht angebracht wird, sauber bleibt. Nasse oder ölige Stellen können nicht verschweißt werden.

6. Legen Sie die rohen Lebensmittel nebeneinander in den Beutel, geben Sie die angegebenen Aromen, Kräutern und Gewürze zu. Flüssigkeiten, eventuell Öl oder Butter in den leicht aufgestellten Beutel einfüllen.

7. Den Beutel wieder zurückkrempeln und glatt streichen. Den Beutel dann in den Kammervakuumierer bzw. auf die Schweißbacken des Außenvakuumierers legen. Flüssigkeiten vorher einfrieren (Info s. S. 12). Je nach Gerät den Vakuumiervorgang aktivieren und dabei eventuelle Blasenbildung im Blick behalten. Ggf. die Vakuum-Stop-Taste drücken.

8. Überprüfen Sie die Schweißnaht und die Vollständigkeit des Vakuums.

9. Wenn Sie mehrere Produkte bei derselben Temperatur gleichzeitig garen, verwenden Sie wasserfeste Klebeetiketten und beschriften Sie Inhalt und Garzeit.

10. Vakuumieren Sie ggf. neu, falls Lufteinschlüsse im Beutel zu sehen sind.

11. Legen Sie die Beutel nebeneinander in das vorgeheizte Wasserbad, stellen Sie die benötigte Zeit ein und garen Sie bei geschlossenem Deckel die angegebene Zeit. Abtrenngitter helfen dabei, mehrere Beutel voneinander getrennt zu halten, damit sie nicht übereinander schwimmen. Ein Gewicht (entweder im Lieferumfang enthalten oder eine Untertasse verwenden) auf die Beutel legen, damit sie unter der Wasseroberfläche schwimmen.

12. Nach Beendigung der Garzeit erscheint oder erklingt ein optisches oder akustisches Signal. Stellen Sie alternativ einen Timer oder den Kurzzeitwecker ein. Nehmen Sie das Gargut aus dem Vakuum.

13. Fahren Sie mit dem Rezept fort, wie in der Zubereitung beschrieben. Finalisieren Sie das Gericht und servieren es.

14. Oder Sie kühlen das gegarte Fleisch, Gemüse oder die Hülsenfrüchte rasch (im Eiswasser) auf 2–3°C herunter. Gekühlt können Sie die Beutel im Kühlschrank mehrere Tage lagern ohne Qualitätsverlust.

15. Fisch wird immer direkt gegart und serviert.

10 GOLDENE REGELN

1. Hygiene ist das oberste Gebot, da durch die meist niedrigen Temperaturbereiche kein Abtöten der Keime erzielt werden kann, wie dies zum Beispiel beim Anbraten in der Pfanne oder im Backofen geschieht. Stets Hände waschen, am besten Einweghandschuhe tragen. Die Kühlkette der Lebensmittel nicht unterbrechen. Reine (Fisch, Fleisch) von unreinen (Kartoffeln, Karotten mit Erdresten) Lebensmitteln trennen, unterschiedliche Schneidbretter verwenden oder sehr gründlich reinigen.

2. Verwenden Sie Produkte von höchster Qualität. Mit der Sous-Vide-Methode können Sie kein minderwertiges Discountfleisch in ein butterweiches, aromatisches Stück verwandeln.

3. Seien Sie sparsam bei Gewürzen oder Aromen, da sich diese im Vakuum verstärken können. Vor allem Knoblauch kann bei längerem Einwirken ein unangenehmes Aroma entfalten.

4. Vakuumieren Sie die vorbereiteten Lebensmittel immer mittig im Vakuumbeutel, nebeneinander und nicht übereinander, damit sie gleichmäßig garen können. Sollten nicht alle Zutaten in einen Beutel passen, so verteilen Sie die Zutaten einer Zubereitung gleichmäßig auf zwei oder mehrere Beutel.

5. Vakuumbeutel müssen frei von Weichmachern sein und bestehen deshalb aus PE/PA. Maximale Garzeit und maximale Gartemperatur für die der Beutel ausgelegt ist, entnehmen Sie bitte den Hinweisen auf oder in der Verpackung.

6. Kontrollieren Sie das Vakuum und die Schweißnaht. Ein Vakuum von 99,9 % ist optimal und wird am besten erreicht, wenn das Lebensmittel auf etwa 2–3 °C gekühlt ist.

7. Um den Vakuumierer zu schützen, drücken Sie die Vakuum-Stop-Taste, falls die Flüssigkeit im Vakuumbeutel während des Vakuumiervorgangs anfängt, Blasen zu bilden. Sonst kann die Pumpe durch die entweichende Feuchtigkeit Schaden nehmen.

8. Zum Herunterkühlen von sous vide gegarten Lebensmitteln Eiswasser (oder Eisakkus) verwenden. Die Temperatur des Eisbades sollte 5 °C nicht übersteigen, deshalb die Temperatur überprüfen und Eis nachgeben. Oder Fleisch im Eiswasser vorkühlen und bei max. 3 °C im Kühlschrank durchkühlen. (Achtung: Kühlschränke sind meist auf 6–7 °C eingestellt! Ggf. für die Kühlzeit die Temperatur herunterdrehen.)

9. Die fehlende Maillard-Reaktion (Bildung von Röststoffen) kann durch kurzes Anbraten bei hohen Temperaturen auf dem Grill, in der Pfanne oder durch einen Bunsenbrenner nachgeholt werden.

10. Wasserwechsel im Sous-Vide-Bad, wenn durch lange Garprozesse die fettlöslichen Aromastoffe durch die Wand des Vakuumbeutels gedrungen sind. Vor allem bei unterschiedlichen Produkten, zum Beispiel Fisch und Obst.

RIND

SALAT MIT FLANKSTEAK, GEGRILLTEN FRÜHLINGSZWIEBELN, SOJABOHNEN UND KORIANDER

Für 4 Personen – Sous-Vide-Garzeit: Flanksteaks 14 Std. bei 56 °C, gesamt: 14 Std. 15 Min.

Für die Flank-Steaks

700 g Flank-Steak
Salz
½ Knoblauchzehe
4 EL Olivenöl
1 EL flüssiger Honig
Saft von 1 Limette
frisch gemahlener schwarzer Pfeffer

Für den Salat

2 Bund Frühlingszwiebeln
1 TL brauner Zucker
2 EL weißer Balsamico
Salz
2 EL Olivenöl
700 g Sojabohnen (frisch oder TK)
1 rote Zwiebel
frisch gemahlener schwarzer Pfeffer
1 Bund Koriander

Zum Anrichten

1 EL weiße Sesamsaat, geröstet

Flanksteaks: Das Wasserbad auf 56 °C vorheizen. Die Flank-Steaks leicht salzen und flach nebeneinander mit der angedrückten Knoblauchzehe und dem Olivenöl in einen Folienbeutel füllen, vakuumieren und 14 Stunden im Wasserbad garen. Die Steaks aus dem Vakuumbeutel nehmen und trockentupfen, dabei den Knoblauch entfernen. Eine Grillpfanne auf sehr hohe Temperatur erhitzen und die Steaks 30 Sekunden von jeder Seite grillen. Den Honig und Limettensaft hinzufügen und das Fleisch im Sud wenden. Vor dem Servieren in dünne Scheiben schneiden und mit Salz und Pfeffer würzen.

Salat: Die Frühlingszwiebeln putzen, waschen, in 5 cm lange Stücke schneiden. Zusammen mit dem Zucker, dem Balsamico, ½ TL Salz und dem Olivenöl in einen Folienbeutel füllen, vakuumieren und 1 Stunde marinieren. Anschließend die Frühlingszwiebeln aus dem Vakuumbeutel nehmen und gut abtropfen lassen, dabei die Marinade auffangen und beiseitestellen. Eine Grillpfanne stark erhitzen, die Frühlingszwiebeln darin kurz von allen Seiten grillen und in eine Schüssel füllen. Die Sojabohnen aus den Schoten lösen und die dünnen Häute entfernen. Dann die Kerne 1 Minute in leicht gesalzenem Wasser blanchieren und in Eiswasser abkühlen. Die Zwiebel abziehen und würfeln. Die Sojabohnen und die Zwiebelwürfel zu den Frühlingszwiebeln geben und die beiseitegestellete Marinade darübergießen. Mit Salz und Pfeffer würzen und alles gut vermischen. Den Koriander waschen, trockentupfen, die Blätter abzupfen und unter den Salat heben.

Anrichten: Den Salat auf die Teller verteilen und die Flank-Steak-Scheiben darauf anrichten. Mit der Sesamsaat garnieren.

CARPACCIO VON DER OCHSENBACKE MIT PICKLED FENCHEL, FELDSALAT UND NUSSCRUNCH

Für 4 Personen – Sous-Vide-Garzeit: (Ochsenbacke 72 Std. bei 72 °C, s. S. 42), gesamt: 45 Min. (+ über Nacht durchziehen)

Für den Fenchel
2 Fenchelknollen
100 ml Apfelessig
2 EL Zucker
1 Zimtstange
1 TL Senfkörner
1 Chilischote
1 TL Salz

Für den Nusscrunch
100 g gemischte Nusskerne
1 TL flüssiger Honig
½ TL Fleur de Sel
1 Eiweiß

Für den Feldsalat
2 EL Weißweinessig
1 TL Senf
1 TL flüssiger Honig
2 Prisen Salz
2 EL Olivenöl
150 g Feldsalat

Zum Anrichten
400 g gegarte Ochsenbacke (Rezept Seite 42)
Salz
frisch gemahlener schwarzer Pfeffer

Fenchel: Die Fenchelknollen waschen, halbieren und den Strunk herausschneiden. Die Hälften in dünne Spalten schneiden. Den Apfelessig mit 100 ml Wasser, dem Zucker, dem Zimt, den Senfkörnern, der Chilischote und dem Salz aufkochen. Die Fenchelspalten zugeben und 1 Minute garen. Das Gemüse abkühlen und abgedeckt über Nacht durchziehen lassen.

Nusscrunch: Den Backofen auf 200 °C Ober-/Unterhitze (180 °C Umluft) vorheizen. Die Nusskerne grob hacken und mit dem Honig, dem Salz und dem Eiweiß in einer Schüssel mischen. Die Mischung auf einem mit Backpapier ausgelegten Backblech verteilen und 10–15 Minuten im vorgeheizten Backofen goldbraun rösten. Anschließend abkühlen lassen.

Feldsalat: Den Weißweinessig mit dem Senf, dem Honig und dem Salz verrühren. Das Olivenöl untermischen. Den Feldsalat putzen, waschen und trockenschleudern. Vor dem Servieren den Feldsalat mit dem Dressing vermischen.

Anrichten: Die Ochsenbacken in dünne Scheiben schneiden und auf einer Platte leicht überlappend auslegen. Mit Salz und Pfeffer würzen. Den Feldsalat und den Fenchel auf dem Fleisch verteilen. Mit dem Nusscrunch bestreuen.

TRAMEZZINI MIT TAGLIATA, KRÄUTERTOMATEN, RUCOLA UND PARMESAN

Für 4 Personen – Sous-Vide-Garzeit: Tagliata 1 Std. bei 56 °C, gesamt: 2 Std. 15 Min.

Für die Kräutertomaten

8 Flaschentomaten (Sorte San Marzano)
6 Zweige Thymian
2 Zweige Rosmarin
1 Zweig Oregano
2 Knoblauchzehen
50 ml Olivenöl
1 TL Salz
1 TL Zucker

Für das Tagliata

500 g Roastbeef
Salz
2 Knoblauchzehen
30 ml Olivenöl
frisch gemahlener schwarzer Pfeffer

Zum Anrichten

4 Scheiben Tramezzini
(dünnes ital. Weißbrot ohne Rinde)
100 g Doppelrahmfrischkäse
50 g Rucola, geputzt
100 g Parmesan
Olivenöl

Kräutertomaten: Die Flaschentomaten waschen und das Fruchtfleisch der Länge nach von oben nach unten vom Kerngehäuse schneiden. Die Filets mit den Kräutern, den angedrückten Knoblauchzehen, dem Olivenöl, dem Salz und dem Zucker in einen Folienbeutel füllen, vakuumieren und 2 Stunden marinieren. Vor dem Servieren die Tomaten aus den Vakuumbeuteln nehmen und die Kräuter entfernen.

Tagliata: Das Wasserbad auf 56 °C vorheizen. Das Roastbeef von Sehnen und großen Fettauflagen befreien, dabei aber etwas Fett am Fleisch lassen. Das Fleisch leicht salzen und mit den angedrückten Knoblauchzehen und dem Olivenöl in einen Folienbeutel füllen, vakuumieren und 1 Stunde im Wasserbad garen. Anschließend das Fleisch aus dem Vakuumbeutel nehmen, den Knoblauch entfernen und das Fleisch gut abtropfen lassen. Eine Grillpfanne sehr hoch erhitzen und das Fleisch darin anbraten. Danach das Fleisch mit Salz und Pfeffer würzen und in dünne Scheiben schneiden.

Anrichten: Die Tramezzini mit dem Frischkäse bestreichen. Die Kräutertomaten und die Fleischscheiben darauflegen. Den Rucola darüber verteilen, reichlich Parmesan darüberhobeln und etwas Olivenöl darüberträufeln. Die Tramezzini in Stücke schneiden und servieren.

SOMMERROLLEN MIT PULLED BEEF, ROTKOHL UND PHYSALIS

Für 4–6 Personen – Sous-Vide-Garzeit: (Pulled Beef 72 Std. bei 65 °C, s. S. 46), Physalis 30 Min. bei 65 °C, gesamt: 1 Std. (+ 2 Std. marinieren)

Für die Physalis

1 Schale Physalis (100 g)
Saft von 1 Limette
1 TL Rohrohrzucker
3 Zweige Thymian
Salz
frisch gemahlener schwarzer Pfeffer

Für den Chilidipp

100 ml Sojasauce
50 ml Ahornsirup
2 EL Sriracha-Sauce
Saft von 1 Limette

Fertigstellung

¼ Rotkohl
4 Frühlingszwiebeln
12 Reisteigplatten (etwa 21 cm Durchmesser)
250 g gegartes Pulled Beef (Rezept Seite 46)

Physalis: Das Wasserbad auf 65 °C vorheizen. Die Physalis putzen, waschen und halbieren. Die Physalishälften mit dem Limettensaft, dem Zucker, dem Thymian, einer Prise Salz und Pfeffer in einen Folienbeutel füllen, vakuumieren und 2 Stunden marinieren. Danach die Physalis im Vakuumbeutel 30 Minuten im Wasserbad garen. Anschließend den Inhalt des Vakuumbeutels in eine Schale umfüllen und abkühlen lassen.

Chilidipp: Die Sojasauce, den Ahornsirup, die Sriracha-Sauce und den Limettensaft in einem Topf vermischen, aufkochen und 5 Minuten offen einkochen lassen. Die Sauce zum Abkühlen beiseitestellen.

Fertigstellung: Den Rotkohl putzen, waschen und den Strunk entfernen. Anschließend in feine Streifen hobeln. Die Frühlingszwiebeln putzen und in feine Röllchen schneiden. Jede Reisteigplatte einzeln kurz in kaltes Wasser tauchen. Sobald sie weich und biegsam ist, die Platte auf der Arbeitsfläche auslegen und im unteren Drittel mit dem Pulled Beef, den Rotkohlstreifen, den Frühlingszwiebeln und den Physalishälften belegen, dabei den Rand freilassen. Die Seiten einschlagen und die Teigplatte aufrollen. Mit den restlichen Zutaten ebenso verfahren.

Anrichten: Die Sommerrollen auf eine Platte legen und den Dipp in einer separaten Schale dazu servieren.

THAI-RINDFLEISCH-SALAT

Für 4 Personen – Sous-Vide-Garzeit: (Rindernuss 6 Std. bei 58 °C, s. S. 32), gesamt: 30 Min.

Für den Thai-Rindfleisch-Salat

300 g gegarte Rindernuss (Rezept Seite 32)
6 Cornichons
1 rote Paprikaschote
1 gelbe Paprikaschote
2 EL eingelegte Jalapeños (Glas)
½ Bund frischer Koriander
100 g Mayonnaise
3 EL Vollmilch
Saft von 1 Limette
2 EL geröstetes Sesamöl
Salz
frisch gemahlener schwarzer Pfeffer
Zucker

Für die Brotstreifen

2 dünne Fladenbrote
3 EL Olivenöl

Thai-Rindfleisch-Salat: Die Rindernuss in dünne Streifen schneiden. Die Cornichons in Streifen schneiden. Die Paprikaschoten putzen, waschen und entkernen. Die Hälften vierteln und in feine Streifen schneiden. Die Jalapeños abtropfen lassen und fein hacken. Das Fleisch, die Cornichons, die Paprika und die Jalapeños in einer Schüssel mischen. Den Koriander waschen, trocknen und die Blätter abzupfen. Die Mayonnaise, die Milch, den Koriander, den Limettensaft und das Sesamöl in einem Standmixer fein pürieren. Die Creme mit Salz, Pfeffer und Zucker würzen und ebenfalls in die Schüssel geben. Den Salat gut vermischen und durchziehen lassen.

Brotstreifen: Das Fladenbrot in Streifen schneiden. In einer Pfanne das Olivenöl erhitzen und die Brotstreifen darin knusprig anbraten.

Anrichten: Den Salt auf die Teller verteilen und die Brotstreifen darüberlegen.

RINDERNUSS IN OLIVENÖL UND KRÄUTERN GEGART MIT GEMÜSE-TOMATEN-SUGO

Für 4 Personen – Sous-Vide-Garzeit: Gemüse-Tomaten-Sugo 1 Std. bei 85 °C, Rindernuss 6 Std. bei 58 °C, gesamt: 7 Std. 30 Min.

Für den Gemüse-Tomatensugo

1 Zwiebel
2 Knoblauchzehen
1 Bund Suppengemüse
2 EL Olivenöl
2 TL Zucker
1 TL Salz
500 g stückige Tomaten
1 TL getrockneter Oregano
5 Stängel Basilikum

Für die Rindernuss

800 g Flache Rindernuss
Salz
2 Zweige Rosmarin
3 Zweige Thymian
1 Zweig Oregano
100 ml Olivenöl

Zum Anrichten

frisch gemahlener schwarzer Pfeffer

Gemüse-Tomatensugo: Das Wasserbad auf 85 °C vorheizen. Die Zwiebel und die Knoblauchzehen abziehen und fein würfeln. Das Suppengemüse putzen, gegebenenfalls schälen und ebenfalls fein würfeln. Das Olivenöl in einem Topf erhitzen und die Zwiebel, den Knoblauch und das Suppengemüse darin anschwitzen. Den Zucker, das Salz, die Tomaten und den Oregano zugeben und aufkochen. Den Topf vom Herd ziehen und abkühlen lassen. Den Sugo in einen Folienbeutel füllen, vakuumieren und 1 Stunde im Wasserbad garen. Anschließend abkühlen. Das Basilikum waschen, trockentupfen und die Blätter kleinzupfen. Den vakuumierten Tomatensugo in einen Topf umfüllen, wieder erwärmen und die Basilikumblätter untermischen.

Rindernuss: Das Wasserbad auf 58 °C temperieren. Die Rindernuss leicht salzen und mit den Kräutern und dem Olivenöl in einen Folienbeutel füllen, vakuumieren und 6 Stunden im Wasserbad garen. Anschließend abkühlen. Das Fleisch aus dem Vakuumbeutel nehmen und die Kräuter entfernen. Eine Pfanne auf hohe Temperatur erhitzen und das gut abgetropfte Fleisch von allen Seiten kurz scharf anbraten. Das Fleisch warmhalten und vor dem Servieren in Scheiben schneiden.

Anrichten: Den Tomatensugo und das Fleisch auf die vorgewärmten Teller verteilen. Mit Salz und Pfeffer würzen und servieren.

TIPP

Als Beilagen passen sehr gut Rosmarinkartoffeln oder gebratene Gnocchi.

OSSOBUCO MIT ORANGENGREMOLATA UND DATTEL-ROTKOHL

Für 4 Personen – Sous-Vide-Garzeit: Ossobuco 12 Std. bei 65 °C, gesamt: 12 Std. 20 Min.

Für das Ossobuco
200 ml trockener Weißwein
4 Beinscheiben vom Rind
Salz
2 EL Olivenöl
2 Karotten
200 g Knollensellerie
1 Zwiebel
1 Lorbeerblatt
1 TL Mélange noir (Mischung verschiedener schwarzer Pfeffersorten)
frisch gemahlener schwarzer Pfeffer

Für den Rotkohl
1 Rotkohl
Salz
1 EL Rohrohrzucker
50 ml Aceto balsamico
50 g Walnusskerne
6 getrocknete Datteln
frisch gemahlener schwarzer Pfeffer
2 EL Schnittlauchröllchen

Für die Gremolata
Schale von 1 unbehandelten Orange
1 Bund glatte Petersilie
½ Knoblauchzehe

Ossobuco: Das Wasserbad auf 65 °C vorheizen. Den Weißwein kurz aufkochen und beiseitestellen. Die Beinscheiben leicht salzen. Das Olivenöl in einer Pfanne erhitzen und die Beinscheiben darin kurz von beiden Seiten anbraten. Die Karotten und den Sellerie schälen und in Würfel schneiden. Die Zwiebel abziehen und ebenfalls würfeln.

Das Fleisch mit dem Gemüse, der Zwiebel, dem Wein, dem Lorbeerblatt und dem Pfeffer in einen Folienbeutel füllen, vakuumieren und 12 Stunden im Wasserbad garen. Die Beinscheiben aus dem Vakuumbeutel nehmen und abtropfen lassen, dabei den Sud auffangen. Das Fleisch warmstellen. Dann den Sud durch ein Sieb in einen Topf passieren und auf die Hälfte einkochen. Die Sauce mit Salz und Pfeffer würzen und die Beinscheiben darin vor dem Servieren wenden.

Rotkohl: Den Rotkohl putzen, den Strunk entfernen und in feine Streifen schneiden. Die Rotkohlstreifen mit 1½ TL Salz und dem Zucker in einen Folienbeutel füllen, vakuumieren und 2 Stunden durchziehen lassen. Anschließend den gesamten Inhalt des Vakuumbeutels in einen Topf umfüllen und erhitzen. Mit dem Balsamico ablöschen und den Rotkohl abgedeckt 20 Minuten garen. Die Walnusskerne hacken, die Datteln kleinschneiden und beides zum Rotkohl geben. Mit Salz und Pfeffer abschmecken. Vor dem Servieren die Schnittlauchröllchen unterrühren.

Gremolata: Die Orangen waschen, trockentupfen und die Schale mit dem Sparschäler dünn abziehen, sodass möglichst wenig weiße Schalenanteile mitgeschnitten werden. Die Petersilie waschen, trockentupfen und die Blätter abzupfen. Den Knoblauch abziehen. Die Orangenschale, die Petersilienblätter und den Knoblauch grob hacken.

Anrichten: Den Dattel-Rotkohl auf den vorgewärmten Tellern verteilen und die Beinscheiben darauf anrichten. Etwas Sauce darüberträufeln und mit der Gremolata bestreuen.

GEGRILLTES ENTRECÔTE IN ORANGEN-INGWER-RUB UND KÜRBIS-BROT-SALAT

Für 4 Personen – Sous-Vide-Garzeit: Entrecôte 30 Min. bei 54 °C, gesamt: 50 Min.

Für das Entrecôte

fein abgeriebene Schale von 1 unbehandelten Orange
2 TL gemahlener Ingwer
2 TL Rohrohrzucker
2 TL Salz
4 Entrecôtes (à 200 g)
frisch gemahlener schwarzer Pfeffer

Für den Kürbis-Brot-Salat

3 Grapefruits
4 dicke Scheiben Ciabatta
4 EL Olivenöl
300 g Hokkaido-Kürbis
3 Frühlingszwiebeln
1 TL flüssiger Honig
Salz
frisch gemahlener schwarzer Pfeffer

Zum Anrichten

Kürbiskernöl zum Beträufeln

Entrecôte: Das Wasserbad auf 54 °C vorheizen. Für den Rub die Orangenschale mit dem Ingwer, dem Rohrohrzucker und dem Salz mischen. Die Entrecôtes gleichmäßig damit einreiben und nebeneinanderliegend in einem Folienbeutel platzieren, vakuumieren und 30 Minuten im Wasserbad garen. Die Entrecôtes aus dem Vakuumbeutel nehmen und abtropfen lassen. Eine Grillpfanne auf hohe Temperatur erhitzen und die Entrecôtes auf jeder Seite etwa 1 Minute grillen. Das Fleisch mit etwas Pfeffer würzen und warmhalten.

Kürbis-Brot-Salat: Die Grapefruits mithilfe eines scharfen Messers so schälen, dass die gesamte weiße Haut entfernt ist. Das Fruchtfleisch zwischen den Trennwänden herausschneiden. Den abtropfenden Saft auffangen, die Fruchtfleischreste auspressen. Das Ciabatta würfeln. 2 EL Olivenöl in einer Pfanne erhitzen und die Brotwürfel darin goldbraun rösten. Anschließend in eine Schale umfüllen und beiseitestellen. Den Kürbis entkernen und mit der Schale würfeln. Die Frühlingszwiebeln putzen, waschen und in Ringe schneiden. Das restliche Olivenöl (2 EL) in der Pfanne erhitzen und die Kürbiswürfel und die Frühlingszwiebelringe goldbraun braten. Mit dem Grapefruitsaft ablöschen und den Honig hinzufügen. Anschließend mit Salz und Pfeffer würzen. Sobald der Kürbis gar ist, die Pfanne vom Herd nehmen und die Grapefruitfilets und knusprigen Brotwürfel untermischen.

Anrichten: Den Kürbis-Brot-Salat auf die Teller verteilen und die Steaks darauf anrichten. Mit dem Kürbiskernöl beträufeln.

DAS PERFEKTE RINDERFILET MIT KRÄUTERBUTTER

Für 8 Personen – Sous-Vide-Garzeit: Rinderfilet 2 Std. bei 56 °C, gesamt: 2 Std. 15 Min.

Für die Kräuterbutter
1 Bund glatte Petersilie (etwa 50 g)
1 Bund Basilikum (etwa 50 g)
150 g weiche Butter
50 ml Olivenöl
1 TL Salz
2 Prisen Cayennepfeffer
1 TL Sojasauce
1 TL Zitronensaft

Für das Rinderfilet
4 Zweige Rosmarin
6 Zweige Thymian
3 junge Knoblauchzehen
1,2 kg Rinderfilet
Salz
1 TL Mélange noir (Mischung verschiedener schwarzer Pfeffersorten)
Fleur de Sel

Zum Anrichten
Ciabatta
gemischter Salat
Ofenkartoffeln

Kräuterbutter: Die Petersilie und das Basilikum waschen und trockentupfen. Die Blätter abzupfen und sehr fein hacken. Die gehackten Kräuter zusammen mit der Butter, dem Olivenöl, dem Salz, dem Cayennepfeffer, der Sojasauce und dem Zitronensaft in der Küchenmaschine 5 Minuten cremig aufschlagen. Die Kräuterbutter in kleine Portionsgläser füllen, dabei 2 EL zum Anbraten beiseitestellen. Die Portionsgläser kaltstellen.

Rinderfilet: Das Wasserbad auf 56 °C erwärmen. Den Rosmarin und den Thymian waschen und trockentupfen. Den Knoblauch waschen und in der Schale andrücken. Das Rinderfilet trockentupfen, von Sehnen befreien und mit etwas Salz und dem Pfeffer bestreuen. Das Filet mittig in einen großen Folienbeutel legen, dabei die Kräuter und den Knoblauch auf dem Fleisch verteilen, vakuumieren und 2 Stunden im Wasserbad garen. Das Rinderfilet aus dem Vakuumbeutel nehmen und trockentupfen. Die beiseitegestellte Kräuterbutter (s. o.) in einer Pfanne aufschäumen und das Fleisch darin rundherum kurz anbraten. Das Filet in Scheiben schneiden, auf einer vorgewärmten großen Platte anrichten und mit Fleur de Sel bestreuen.

Anrichten: Die Platte mit den Filetscheiben zusammen mit den Beilagen anrichten. Die gekühlte Kräuterbutter dazu servieren.

RINDERBRUST MIT WASABI-SAUCE UND GRÜNEM BOUILLONGEMÜSE

Für 4 Personen – Sous-Vide-Garzeit: Rinderbrust 24 Std. bei 65 °C, gesamt: 24 Std. 15 Min.

Für die Rinderbrust

700 g Rinderbrust
50 ml Sojasauce

Für die Wasabi-Sauce

2 Schalotten
1 EL Olivenöl
1 TL Zucker
50 ml trockener Weißwein
600 ml Gemüsefond
100 g flüssige Sahne
Salz
frisch gemahlener schwarzer Pfeffer
2–3 TL Wasabi-Paste

Für das Bouillongemüse

100 g Zuckerschoten
150 g grüne Bohnen
4 Stangen grüner Spargel
150 g Erbsen (TK)
Salz
200 ml Gemüsefond (Glas)
3 Stängel glatte Petersilie
3 Zweige Thymian

Zum Anrichten

1 Handvoll Babyspinat, geputzt

Rinderbrust: Das Wasserbad auf 65 °C vorheizen. Die Rinderbrust mit der Sojasauce in einen Folienbeutel füllen, vakuumieren und 24 Stunden im Wasserbad garen. Anschließend das Fleisch aus dem Vakuumbeutel nehmen, abtropfen lassen und warmhalten. Vor dem Servieren in Scheiben schneiden.

Wasabi-Sauce: Die Schalotten abziehen und würfeln. Das Olivenöl in einem Topf erhitzen und die Schalotten darin anschwitzen. Den Zucker einstreuen und schmelzen. Mit dem Weißwein ablöschen und diesen einkochen. Mit dem Gemüsefond und der Sahne aufgießen, mit Salz und Pfeffer würzen und 10 Minuten offen bei mittlerer Temperatur einkochen. Vor dem Servieren die Sauce mit einem Stabmixer fein pürieren, die Wasabi-Paste zugeben und die Sauce anschließend aufschäumen.

Bouillongemüse: Die Zuckerschoten waschen und schräg halbieren. Die Bohnen waschen, putzen und in 2 cm lange Stücke schneiden. Den Spargel waschen, im unteren Drittel gegebenenfalls schälen und in 2 cm lange Stücke schneiden. Die aufgetauten Erbsen und die Zuckerschoten in reichlich leicht gesalzenem kochendem Wasser 30 Sekunden blanchieren und danach in Eiswasser abschrecken. Den Spargel 2 Minuten blanchieren und ebenfalls abschrecken. Zuletzt die Bohnen 5 Minuten im Wasser kochen und abschrecken. Den Gemüsefond mit den Kräutern aufkochen und 10 Minuten leise köcheln lassen. Anschließend die Kräuter aus dem Gemüsefond entfernen und das Gemüse darin erwärmen. Mit etwas Salz abschmecken.

Anrichten: Das Fleisch mit der Sauce auf den vorgewärmten Tellern anrichten und mit Salz und Pfeffer würzen. Mit Babyspinat garnieren. Das Bouillongemüse in separaten Schalen dazustellen.

OCHSENBACKE IN BAROLO MIT OCHSENHERZTOMATEN UND PFIFFERLINGEN

Für 4 Personen – Sous-Vide-Garzeit: Ochsenbacke 72 Std. bei 72 °C, gesamt: 72 Std. 30 Min.

Für die Ochsenbacke
500 ml Barolo (kräftiger ital. Rotwein)
800 g Ochsenbacke
1 Karotte
200 g Knollensellerie
½ Stange Lauch
1 Zwiebel
1 Schote Langer Pfeffer
1 Lorbeerblatt
2 Pimentkörner
Salz
frisch gemahlener schwarzer Pfeffer
50 g kalte Butter

Für die Ochsenherztomaten
4 Ochsenherztomaten
1 Knoblauchzehe
4 EL Olivenöl
2 TL brauner Zucker
3 Zweige Thymian

Für die Pfifferlinge
250 g Pfifferlinge (oder Pilze der Saison)
2 Schalotten
30 g Butter
Salz
frisch gemahlener schwarzer Pfeffer
3 Frühlingszwiebeln

Ochsenbacke: Das Wasserbad auf 72 °C vorheizen. Den Rotwein kurz aufkochen und beiseitestellen. Von den Ochsenbacken die dicken Sehnen abtrennen und das Fleisch in gleich große Stücke (etwa 10 cm) schneiden. Die Karotten und den Sellerie schälen und würfeln. Den Lauch putzen und ebenfalls würfeln. Die Zwiebel abziehen und in Würfel schneiden. Die Fleischstücke mit dem Wurzelgemüse, der Zwiebel, den Gewürzen und dem Wein in einen Folienbeutel (gegebenenfalls das Gargut auf zwei große Beutel verteilen) füllen, vakuumieren und 72 Stunden im Wasserbad garen. Das Fleisch aus dem Vakuum nehmen und dabei den Sud auffangen. Das Lorbeerblatt entfernen und das Fleisch beiseitestellen. Den Sud durch ein Sieb in einem Topf gießen, aufkochen und 15 Minuten offen einkochen lassen. Die Sauce mit Salz und Pfeffer würzen und mit der gewürfelten Butter montieren. Das Fleisch in der Sauce erwärmen.

Ochsenherztomaten: Das Wasserbad auf 72 °C vorheizen. Die Ochsenherztomaten halbieren und den Stielansatz entfernen. Den Knoblauch abziehen und hacken. Die Tomaten nebeneinanderliegend mit dem Knoblauch, dem Olivenöl, dem Zucker und dem Thymian in einen Folienbeutel füllen, vakuumieren und 20 Minuten im Wasserbad garen. Anschließend die Tomaten aus dem Vakuumbeutel nehmen und den Thymian entfernen.

Pfifferlinge: Die Pfifferlinge sorgfältig putzen. Die Schalotten abziehen und fein würfeln. Die Butter in einer Pfanne aufschäumen und die Pfifferlinge darin anbraten. Die Schalotten zugeben, mit Salz und Pfeffer würzen und 3 Minuten garen. Die Frühlingszwiebeln putzen, in feine Ringe schneiden und unter die Pilze mischen.

Anrichten: Die Ochsenherztomaten und die Pfifferlinge auf die vorgewärmten Teller verteilen. Das Fleisch dazulegen und mit der Sauce beträufeln.

Via al
CASTELLO
BAROLO
2013

RINDERHÜFTE MIT SCHOKOLADEN-BALSAMICO UND CHICORÉE

Für 4 Personen – Sous-Vide-Garzeit: Rinderhüfte 1,5 Std. bei 58 °C, gesamt: 1 Std. 45 Min.

Für die Rinderhüfte

600 g Rinderhüfte
Salz
1 TL Mélange noir (Mischung verschiedener schwarzer Pfeffersorten)
20 ml Olivenöl
4 Zweige Thymian
frisch gemahlener schwarzer Pfeffer

Für den Schokoladen-Balsamico

200 ml Aceto balsamico
1 EL flüssiger Honig
50 g Zartbitterschokolade (80 % Kakaogehalt)

Für den Chicorée

4 Chicorée
3 EL Apfelessig
2 EL Zucker

Zum Anrichten

1 Schale Schnittlauch-Leaves (alternativ sehr fein geschnittene Schnittlauchröllchen)

Rinderhüfte: Das Wasserbad auf 58 °C vorheizen. Die Rinderhüfte leicht salzen und mit dem Pfeffer bestreuen. Das Fleisch mit dem Olivenöl und dem Thymian in einen Folienbeutel füllen, vakuumieren und 1,5 Stunde im Wasserbad garen. Den Grill auf 200 °C direkte Hitze vorheizen. Die Rinderhüfte aus dem Vakuumbeutel nehmen, abtropfen lassen und auf dem Grill von allen Seiten 2 Minuten grillen. Vor dem Servieren das Fleisch in Streifen schneiden, mit Salz und Pfeffer würzen und warmhalten.

Schokoladen-Balsamico: Den Balsamico mit dem Honig aufkochen und zur Hälfte einkochen lassen. Die Reduktion beiseitestellen und 10 Minuten abkühlen lassen. Die Schokolade hacken und unter die Reduktion rühren.

Chicorée: Den Chicorée putzen, waschen und längs halbieren. Den Apfelessig und den Zucker mit 500 ml Wasser aufkochen. Die Chicoréehälften darin einige Sekunden blanchieren, aus dem Wasser nehmen und gut abtropfen lassen. Den Grill auf 200 °C direkte Hitze vorheizen. Die Chicoréehälften von allen Seiten 1–2 Minuten grillen.

Anrichten: Je zwei Chicoréehälften auf die vorgewärmten Teller verteilen und die Fleischstreifen daneben anrichten. Den Schokoladen-Balsamico darüberträufeln und mit den Schnittlauch-Leaves bestreuen.

PULLED BEEF UND »PICKLED« CURRY-KOHLRABI IM BLACK BUN

Für 4 Personen – Sous-Vide-Garzeit: Pulled Beef 72 Std. bei 65 °C, gesamt: 72 Std. 15 Min. (+ 24 Std. marinieren)

Für das Pulled Beef
3 TL edelsüßes Paprikapulver
2 TL Koriandersamen, gemörsert
1 TL Knoblauchgranulat
2 TL getrockneter Oregano
3 TL brauner Zucker
3 TL Räuchersalz
2 kg Rinderschulter

Für die Black Bun
250 g Weizenmehl Type 550
2 TL Trockenhefe
2 TL Aktivkohle
1 TL Zucker
1 TL Salz
150 ml Vollmilch
2 Eigelb
30 g flüssige Butter
2 EL Vollmilch
2 EL weiße Sesamsaat

Für den »pickled« Curry-Kohlrabi
2 mittelgroße Kohlrabi
1 TL Currypulver
2 TL Zucker
3 EL Weißweinessig
½ TL Salz

Für die Tahin-Creme
200 g Mayonnaise
2 EL Tahin (Sesampaste)
1 TL Chiliflocken
Saft von 1 Limette
Salz
frisch gemahlener schwarzer Pfeffer

Pulled Beef: Für den Rub die Gewürze mischen und die Rinderschulter damit einreiben. Das Fleisch in einen Folienbeutel füllen, vakuumieren und 24 Stunden marinieren. Dann das Wasserbad auf 65 °C vorheizen. Das vakuumierte Fleisch 72 Stunden im Wasserbad garen. Das Fleisch aus dem Vakuumbeutel nehmen und zusammen mit dem entstandenen Sud in eine ofenfeste Schale umfüllen. Das Fleisch mithilfe von Gabeln zerrupfen und mit dem Sud vermischen. Das Fleisch bis zum Servieren warmhalten.

Black Bun: Das Mehl mit der Hefe, der Aktivkohle, dem Zucker und dem Salz in einer Rührschüssel vermischen. Die Milch, ein Eigelb und die Butter zugeben und in der Küchenmaschine zu einem glatten elastischen Teig kneten. Den Teig abgedeckt in einer Schüssel über Nacht im Kühlschrank ruhen lassen. Am nächsten Tag abgedeckt 30 Minuten bei Zimmertemperatur gehen lassen. Den Teig in vier Portionen aufteilen. Die Teiglinge mit der hohlen Hand unter kreisenden Bewegungen und leichtem Druck glatt und rund formen (»rund schleifen«). Die Buns auf ein mit Backpapier ausgelegtes Backblech legen und abgedeckt nochmals 30–40 Minuten bei Zimmertemperatur gehen lassen. Den Backofen auf 180 °C Ober-/Unterhitze (160 °C Umluft) vorheizen. Das restliche Eigelb mit der Milch verquirlen, die Buns damit bestreichen und mit der Sesamsaat bestreuen. Im vorgeheizten Backofen auf der mittleren Schiene 20 Minuten backen. Vor dem Servieren die Buns halbieren.

»Pickled« Curry-Kohlrabi: Die Kohlrabi waschen, schälen und mit einem Spiralschneider in dünne Gemüse-Spaghetti schneiden. Alternativ mit einem Sparschäler oder mit einem Messer in dünne Streifen schneiden. Die Gemüsestreifen zusammen mit dem Currypulver, dem Zucker, dem Essig und dem Salz in einen Folienbeutel füllen, vakuumieren und 30 Minuten marinieren. Vor der Weiterverwendung den Kohlrabi aus dem Vakuum nehmen und abtropfen lassen.

Tahin-Creme: Die Mayonnaise mit dem Tahin, den Chiliflocken und dem Limettensaft verrühren. Mit Salz und Pfeffer abschmecken.

Anrichten: Das Pulled Beef auf die Unterseite der Buns verteilen, etwas Kohlrabi und Tahin-Creme daraufgeben und mit dem Deckel belegen.

DAS PERFEKTE ROASTBEEF MIT SAUCE BÉARNAISE

Für 4–6 Personen – Sous-Vide-Garzeit: Roastbeef 6 Std. bei 58 °C, Sauce béarnaise 30 Min. bei 75 °C, gesamt: 6 Std. 45 Min.

Für das Roastbeef

1 kg Roastbeef
Salz
2 EL grober Dijonsenf
8 Zweige Zitronenthymian
6 EL Olivenöl
2 EL Butter
frisch gemahlener schwarzer Pfeffer

Für die Sauce béarnaise

2 Stängel Estragon
3 Schalotten
1 TL weiße Pfefferkörner
100 ml trockener Weißwein
1 EL Weißweinessig
4 Eigelb
200 g Butter

Zum Anrichten

Kartoffelgratin
Blattsalat

Roastbeef: Das Wasserbad auf 58 °C vorheizen. Das Fleisch trockentupfen, leicht salzen und mit dem Senf bestreichen. Den Thymian waschen, trockentupfen und die Blätter abzupfen. Das Roastbeef mit dem Olivenöl und den Thymianblättchen in einen großen Folienbeutel füllen, vakuumieren und 6 Stunden im Wasserbad garen. Das Roastbeef aus dem Vakuumbeutel nehmen und trockentupfen. In einer Pfanne die Butter erhitzen und das Roastbeef darin rundum anbraten. Anschließend das Fleisch in Scheiben schneiden, mit Salz und Pfeffer würzen und bis zum Servieren warmhalten.

Sauce béarnaise: Das Wasserbad auf 75 °C vorheizen. Den Estragon waschen und trockentupfen. Die Blätter abzupfen, hacken und beiseitestellen. Die Schalotten abziehen und in Streifen schneiden. Die Estragonstängel mit den Schalotten, den Pfefferkörnern, dem Weißwein, dem Weißweinessig, dem Eigelb und der Butter in einen Folienbeutel füllen, vakuumieren und 30 Minuten garen. Anschließend den gesamten Inhalt des Vakuumbeutels durch ein feines Sieb passieren. Die Sauce dann mithilfe eines Trichters in einen Siphon umfüllen. Eine Kapsel aufdrehen, zwei- bis dreimal kräftig schütteln und warmstellen.

Anrichten: Das Roastbeef auf die vorgewärmten Teller verteilen und die Sauce béarnaise aufspritzen. Mit den gehackten Estragonblättern bestreuen und zusammen mit den Beilagen servieren.

ROASTBEEF MIT GARNELEN UND THUNFISCH-CREME

Für 4 Personen – Sous-Vide-Garzeit: (Roastbeef 6 Std. bei 58 °C, s. S. 48), Garnelen 15 Min. bei 56 °C, gesamt: 20 Min.

Für die Garnelen

2 Knoblauchzehen
300 g rohe Garnelen
Saft von ½ Zitrone
2 EL Olivenöl
Salz

Für die Thunfisch-Creme

1 Dose Thunfisch naturale (ohne Öl)
100 g Mayonnaise (Glas)
2 eingelegte, geröstete Paprikaschoten
2 EL Sojasauce
Salz
frisch gemahlener schwarzer Pfeffer
Saft von ½ Zitrone

Zum Anrichten

250 g gegartes Roastbeef (Rezept Seite 48)
2 EL Schnittlauchröllchen
8 Scheiben Baguette

Garnelen: Das Wasserbad auf 56 °C vorheizen. Den Knoblauch abziehen und hacken. Die Garnelen schälen und entdarmen. Anschließend die Garnelen mit dem Knoblauch, dem Zitronensaft, dem Olivenöl und etwas Salz in einen Folienbeutel füllen, vakuumieren und 15 Minuten im Wasserbad garen. Den Vakuumbeutel zum Abkühlen beiseitelegen.

Thunfisch-Creme: Den Thunfisch abtropfen lassen und zusammen mit der Mayonnaise, den Paprikaschoten und der Sojasauce in einem Standmixer fein pürieren. Die Creme mit Salz, Pfeffer und Zitronensaft würzen.

Anrichten: Das Roastbeef dünn aufschneiden und auf einer Platte auslegen. Das Fleisch mit der Thunfisch-Creme bestreichen. Die Garnelen darauf verteilen und mit dem Schnittlauch bestreuen. Das Baguette dazu servieren.

BEST BEEF BRISKET MIT KÜRBIS-PFLAUMEN-CHUTNEY

Für 4 Personen – Sous-Vide-Garzeit: Rinderbrust 24 Std. bei 65 °C, gesamt: 24 Std. 10 Min. (+ 2 Tage marinieren)

Für das Beef Brisket

1 TL Schwarzer Pfeffer, gemörsert
2 TL edelsüßes Paprikapulver
1 TL gemahlener Kreuzkümmel
3 TL Meersalz
3 TL brauner Zucker
75 ml Sojasauce
50 ml Whisky
1 kg Rinderbrust (Brisket)

Für das Kürbis-Pflaumen-Chutney

300 g gelbe Pflaumen
300 g Muskatkürbis
2 Schalotten
2 Knoblauchzehen
20 g frischer Ingwer
1 Chilischote
2 EL Olivenöl
1 TL Koriandersamen, gemörsert
2 EL Rohrohrzucker
25 ml Weißweinessig
Salz
frisch gemahlener schwarzer Pfeffer

Für den Feldsalat

100 ml naturtrüber Apfelsaft
Salz
frisch gemahlener schwarzer Pfeffer
2 EL Olivenöl
150 g Feldsalat

Zum Anrichten

3 EL Kürbiskerne

Beef Brisket: Die Gewürze, die Sojasauce und den Whisky in einer Schale gut vermischen und die Rinderbrust damit einreiben. Die Rinderbrust in einen Folienbeutel füllen, vakuumieren und 2 Tage im Kühlschrank marinieren. Das Wasserbad auf 65 °C vorheizen. Die vakuumierte Rinderbrust 24 Stunden darin garen. Danach das Fleisch aus dem Vakuumbeutel nehmen, abtropfen lassen und in Scheiben schneiden. Bis zum Servieren warmhalten.

Kürbis-Pflaumen-Chutney: Die Pflaumen waschen, den Stein entfernen und klein würfeln. Den Kürbis schälen und klein würfeln. Die Schalotten und den Knoblauch abziehen und in feine Würfel schneiden. Den Ingwer schälen und fein reiben. Die Chilischoten waschen, entkernen und hacken. Das Olivenöl in einem Topf erhitzen und die Pflaumen, den Kürbis, die Schalotten, den Knoblauch, den Ingwer, die Chlilischote und die Koriandersamen darin anschwitzen. Den Zucker und den Essig zugeben und bei mittlerer Temperatur unter gelegentlichem Umrühren die Pflaumen und den Kürbis weich und dickflüssig einkochen lassen. Mit Salz und Pfeffer würzen. Das Chutney am besten über Nacht durchziehen lassen.

Feldsalat: Den Apfelsaft in einem Topf köcheln lassen, bis er auf 2 EL eingekocht ist. Die Reduktion mit etwas Salz, Pfeffer und dem Olivenöl verrühren. Den Feldsalat putzen, waschen, trockenschleudern und mit dem Apfeldressing marinieren.

Anrichten: Die Kürbiskerne in einer Pfanne ohne Fett anrösten. Die Fleischscheiben auf vorgewärmte Teller verteilen. Das Kürbis-Pflaumen-Chutney und den Feldsalat daneben anrichten. Die Kürbiskerne darüberstreuen.

RUMPSTEAK MIT CURRY-BLUMENKOHL UND CASHEW-SESAM-MAYONNAISE

Für 4 Personen – Sous-Vide-Garzeit: Blumenkohl 45 Min. bei 85 °C, Rumpsteak 50 Min. bei 56 °C, gesamt: 2 Std.

Für den Curry-Blumenkohl
1 Blumenkohl
1 EL mild-fruchtiges Currypulver
100 ml Gemüsebrühe (Glas)
20 g Butter
Salz

Für die Rumpsteaks
4 Rumpsteaks (à 200 g)
Salz
1 TL Kubeben-Pfeffer
Schalenstreifen von ½ unbehandelten Zitrone
20 ml Olivenöl + etwas mehr zum Anbraten

Für die Mayonnaise
1 Eigelb
1 TL mittelscharfer Senf
Saft von ½ Zitrone
150 ml Sonnenblumenöl
Salz
frisch gemahlener schwarzer Pfeffer
2 EL weiße Sesamsaat
2 EL Cashewkerne

Zum Anrichten
2 Schalen Micro Leaves

Curry-Blumenkohl: Das Wasserbad auf 85 °C vorheizen. Den Blumenkohl waschen und in Röschen zerteilen. Die Röschen mit dem Currypulver, der Gemüsebrühe, der Butter und etwas Salz in einen Folienbeutel füllen, vakuumieren und 45 Minuten im Wasserbad garen. Anschließend den Vakuumbeutel beiseitelegen. Vor dem Servieren den Inhalt in eine Pfanne umfüllen und erhitzen. Dabei den Sud etwas einkochen lassen.

Rumpsteaks: Das Wasserbad auf 56 °C vorheizen. Die Rumpsteaks leicht salzen und nebeneinanderliegend mit dem Pfeffer, der Zitronenschale und dem Olivenöl in einen Folienbeutel (gegebenenfalls zwei Beutel benutzen) füllen, vakuumieren und 50 Minuten im Wasserbad garen. Dann die Rumpsteaks aus dem Vakuumbeutel nehmen und gut abtropfen lassen. In einer Grillpfanne etwas Olivenöl erhitzen und die Rumpsteaks darin von beiden Seiten kurz kräftig anbraten. Bis zum Servieren warmhalten.

Mayonnaise: Das Eigelb mit dem Senf und dem Zitronensaft verrühren. Das Öl tröpfchenweise unterschlagen, bis eine cremige Mayonnaise entstanden ist. Mit Salz und Pfeffer würzen. Die Sesamsaat in einer beschichteten Pfanne kurz anrösten. Die Cashewkerne ebenfalls in einer beschichteten Pfanne anrösten und grob hacken. Beides abkühlen lassen und unter die Mayonnaise mischen.

Anrichten: Die Steaks mit dem Blumenkohl auf vorgewärmte Teller verteilen und die Micro Leaves darüberstreuen. Die Mayonnaise in separaten Schälchen dazu servieren.

THAI BBQ RIBS

Für 4 Personen – Sous-Vide-Garzeit: Dicke Rippe 12 Std. bei 58 °C, gesamt: 12 Std. 30 Min. (+ 24 Std. marinieren)

Für die Thai BBQ Ribs

1,5 kg Dicke Rippe vom Rind
2 Stängel Zitronengras
1 Chilischote
20 g frischer Ingwer
1 Kaffir-Limettenblatt
100 ml Kokosmilch
1 EL flüssiger Honig
2 EL Sojasauce
Rauchsalzflocken
frisch gemahlener schwarzer Pfeffer

Thai BBQ Ribs: Das Fleisch in acht etwa gleich große Stücke zerteilen. Das Zitronengras in Stücke schneiden. Die Chilischote waschen, entkernen und hacken. Den Ingwer schälen und grob raspeln. Das Fleisch zusammen mit dem Zitronengras, der Chilischote, dem Ingwer, dem Kaffir-Limettenblatt, der Kokosmilch, dem Honig und der Sojasauce in einen Folienbeutel füllen, vakuumieren und 24 Stunden marinieren. Das Wasserbad auf 58 °C vorheizen. Das vakuumierte Fleisch 12 Stunden darin garen. Das Fleisch aus dem Vakuumbeutel nehmen und gut abtropfen lassen, dabei den Sud auffangen. Den Sud durch ein feines Sieb in einen Topf passieren und sämig einkochen. Mit Rauchsalzflocken und Pfeffer würzen.

Den Grill auf direkte hohe Hitze (etwa 250 °C) vorheizen. Das Fleisch auf dem Grill von jeder Seite 2 Minuten grillen und mit Rauchsalzflocken und Pfeffer würzen.

Anrichten: Das Fleisch auf die vorgewärmten Teller verteilen und etwas Sauce angießen.

TIPP

Dazu passt ein frischer Blattsalat und etwas frisches Baguette.

ROULADE VOM FALSCHEN FILET MIT APRIKOSEN, ROSMARIN UND MANDELN AUF KÜRBISPOLENTA

Für 4 Personen – Sous-Vide-Garzeit: Falsches Filet 1 Std. 30 Min. bei 60 °C, Polenta 25 Min. bei 85 °C, gesamt: 2 Std.

Für die Roulade

100 ml Gemüsefond (Glas)
10 getrocknete Aprikosen
1 falsches Filet vom Rind (etwa 800 g)
1 Zweig Rosmarin
80 g Mandelkerne
Salz
frisch gemahlener schwarzer Pfeffer
60 g Butter
3 EL Kürbiskerne

Für die Kürbispolenta

200 g Muskatkürbis
800 ml Gemüsefond (Glas)
75 g flüssige Sahne
150 g Polentagrieß
½ TL Chiliflocken
Salz

Zum Anrichten

Fleur de Sel

Roulade: Das Wasserbad auf 60 °C vorheizen. Den Gemüsefond aufkochen. Die Aprikosen in eine Schüssel geben, mit dem Fond übergießen und abgedeckt 10 Minuten einweichen lassen. Das Fleisch der Länge nach flach aufschneiden (Schmetterlingsschnitt), sodass ein großes Fleischstück entsteht. Die Oberfläche mit Frischhaltefolie bedecken und das Fleisch leicht plattieren. Den Rosmarin waschen, trocknen und die Nadeln abzupfen. Die Aprikosen mit dem Einweichfond, den Rosmarinnadeln und den Mandeln im Standmixer zu einer Paste mixen und mit Salz und Pfeffer würzen. Die Paste auf dem Fleisch verstreichen, das Filet aufrollen und mit Küchengarn in eine runde Form binden. Die Roulade leicht salzen, mit 30 g Butter in einen Folienbeutel füllen, vakuumieren und 1 ½ Stunden im Wasserbad garen. Anschließend das Fleisch aus dem Vakuumbeutel nehmen und gut abtropfen lassen. Die restliche Butter (30 g) in einer Pfanne aufschäumen, die grob gehackten Kürbiskerne darin kurz anrösten und mit Salz würzen. Die Roulade in der Kürbiskernbutter wenden, in Scheiben schneiden und bis zum Servieren warmhalten.

Kürbispolenta: Das Wasserbad auf 85 °C vorheizen. Den Kürbis klein würfeln. Den Gemüsefond mit dem Kürbis, der Sahne, dem Polentagrieß, den Chiliflocken und etwas Salz in einen Folienbeutel füllen, vakuumieren, gut vermischen und 25 Minuten im Wasserbad garen.

Anrichten: Die Kürbispolenta auf vorgewärmte Teller verteilen. Die Rouladenscheiben darauf anrichten, mit der Kürbiskernbutter beträufeln und mit Fleur de Sel bestreuen.

57

TAFELSPITZ, FRANKFURTER GRÜNE SAUCE, POCHIERTES EI UND GEBACKENE KARTOFFELN MIT GETRÜFFELTEM BRIE

VON JOHANN LAFER

Für 4 Personen – Sous-Vide-Garzeit: Tafelspitz 24 Std. bei 58 °C, gesamt: 25 Std. 30 Min.

Für den Tafelspitz
1,5 kg gut durchwachsenen Rindertafelspitz
Salz
frisch gemahlener schwarzer Pfeffer
etwas Pflanzenöl
2 Zweige Rosmarin
2 Zweige Thymian

Für die gebackenen Kartoffeln mit getrüffeltem Brie
4 große festkochende Kartoffeln
50 g Butter
Salz
70 g weicher getrüffelter Brie
1 Eigelb
frisch gemahlener schwarzer Pfeffer

Für die Frankfurter grüne Sauce
1 Ei
200 g frische 7-Kräuter-Mischung (Borretsch, Kerbel, Kresse, Petersilie, Pimpinelle, Sauerampfer, Schnittlauch)
100 g Geflügelfond
50 g Rapsöl
50 g Olivenöl
Salz
frisch gemahlener schwarzer Pfeffer

Für das Ei
2 EL Essig
schwarze Pfefferkörner
2 Lorbeerblätter
5 Eier
1 EL Mehl Type 405
5 EL Pankobrösel (Paniermehl, im Asia-Laden erhältlich)
neutrales Pflanzenöl zum Frittieren

Tafelspitz: Das Wasserbad auf 58 °C vorheizen. Den Tafelspitz mit Salz und Pfeffer würzen. Das Öl in einer großen Pfanne erhitzen und den Tafelspitz von allen Seiten darin scharf anbraten. Anschließend mit den Kräutern in einen Folienbeutel füllen, vakuumieren und 24 Stunden im Wasserbad garen.

Gebackene Kartoffeln mit getrüffeltem Brie: Die Kartoffeln schälen und am oberen und unteren Ende mit einem Messer begradigen. Mit einem Ausstechring rund ausstechen, diese Ringe mit einem kleineren Ring in der Mitte nochmals ausstechen. Den Kartoffelzylinder mit der Butter im auf 90 °C vorgeheizten Dampfgarer 45 Minuten weich dämpfen (alternativ vakuumiert im auf 90 °C vorgeheizten Wasserbad). Der perfekte Gargrad ist erreicht, wenn die Kartoffelzylinder auf leichten Fingerdruck etwas nachgeben. Das Kartoffelinnere in Salzwasser weich kochen, durch eine Kartoffelpresse drücken und mit dem Brie mischen, das Eigelb einarbeiten. Die Füllung mit Salz und Pfeffer würzen, in einen Spritzbeutel umfüllen und in die gedämpften Kartoffelzylinder spritzen. Die gefüllten Kartoffeln auf eine ofenfeste Form stellen und im auf 160 °C vorgeheizten im Backofen (Ober-/Unterhitze) backen.

Frankfurter grüne Sauce: Das Ei in kochendem Wasser sechs Minuten hart kochen. Anschließend auskühlen lassen und schälen. Die Kräuter putzen, waschen und für einige Sekunden in heißem Wasser blanchieren. Danach sofort in Eiswasser abschrecken. Die Kräuter gut ausdrücken und zusammen mit dem Geflügelfond und dem gekochten Ei in einem Standmixer fein pürieren. Bei laufendem Gerät das Rapsöl und das Olivenöl einlaufen lassen. Die Sauce mit Salz und Pfeffer abschmecken.

Ei: In einem Topf Wasser mit dem Essig, einigen Pfefferkörnern und den Lorbeerblättern zum Kochen bringen. Vier Eier einzeln in einer Schale aufschlagen. Mit einem Schneebesen durch Rühren einen Strudel im Wasser erzeugen, die Eier einzeln nacheinander in das heiße Wasser gleiten lassen und jeweils für einige Minuten pochieren. Anschließend mit einem Schaumlöffel vorsichtig aus dem Wasser heben und abtropfen lassen.

Die pochierten Eier in Mehl wenden, durch das verquirlte Ei ziehen und mit den Pankobröseln panieren. Anschließend die panierten Eier im heißen Pflanzenöl ausbacken.

Anrichten: Die gebackene Kartoffel auf den Tellern platzieren, daneben eine Scheibe vom Tafelspitz anrichten. Mit der Frankfurter grünen Sauce garnieren und das gebackene Ei darauflegen.

OCHSENFETZEN, ORANGEN-BBQ-SAUCE UND OFENZUCCHINI

Für 4 Personen – Sous-Vide-Garzeit: Rinderhüfte 1 Std. bei 56 °C, gesamt: 1 Std. 45 Min. (+ 24 Std. marinieren)

Für die Ochsenfetzen
800 g Rinderhüfte
100 ml Sojasauce
frisch gemahlener schwarzer Pfeffer

Für die Ofenzucchini
800 g Zucchini
2 Gemüsezwiebeln
6 EL Olivenöl
1 EL flüssiger Honig
1 TL getrockneter Oregano
1 TL Salz

Für die BBQ-Sauce
1 Knoblauchzehe
1 Zwiebel
1 EL Olivenöl
Saft von 4 Orangen
100 ml Cola
150 ml passierte Tomaten
25 ml Worchestershiresauce
2 EL Tomatenmark
1 EL grobkörniger Dijonsenf
2 EL Apfelessig
Salz
frisch gemahlener schwarzer Pfeffer

Ochsenfetzen: Die Rinderhüfte parieren und in Streifen von 3 × 2 cm schneiden. Die Fleischstreifen mit der Sojasauce vermischen, in einen Folienbeutel füllen, vakuumieren und 24 Stunden marinieren. Das Wasserbad auf 56 °C vorheizen. Die vakuumierten Ochsenfetzen im Wasserbad 1 Stunde garen. Anschließend das Fleisch aus dem Vakuumbeutel nehmen und gut abtropfen lassen. Eine Grillpfanne gut vorheizen, die Ochsenfetzen darin kurz scharf anbraten und mit Pfeffer würzen.

Ofenzucchini: Den Backofen auf 160 °C vorheizen. Die Zucchini waschen, putzen und in Würfel schneiden. Die Zwiebeln abziehen und ebenfalls würfeln. Die Zucchini und Zwiebeln auf ein Backblech oder in eine tiefe Ofenpfanne geben. Das Olivenöl, den Honig, den Oregano und das Salz verrühren, über das Gemüse gießen und gut vermischen. Die Zucchini 1 Stunde garen und währenddessen einmal wenden. Anschließend das Gemüse abkühlen lassen.

BBQ-Sauce: Den Knoblauch und die Zwiebel abziehen und fein würfeln. Das Olivenöl erhitzen und die Zwiebel und den Knoblauch darin anschwitzen. Mit dem Orangensaft ablöschen und die Cola, die Tomaten, die Worchestershiresauce, das Tomatenmark, den Senf und den Essig unterrühren. Die Sauce aufkochen und bei mittlerer Temperatur dickflüssig einkochen. Mit Salz und Pfeffer würzen und abkühlen lassen.

Anrichten: Die Ofenzucchini mit den Ochsenfetzen auf die vorgewärmten Teller verteilen und die BBQ-Sauce in einem separaten Schälchen dazu servieren.

ENTRECÔTE VOM US-RIND IM HEU MIT KARTOFFEL-SELLERIE-PÜREE UND ROTWEINBUTTER

VON JOHANN LAFER

Für 4 Personen – Sous-Vide-Garzeit: Entrecôte 1 Std. bei 64 °C, gesamt: 2 Std. 15 Min.

Zutaten für 4 Portionen

4 Schalotten
800 g US-Entrecôte
Salz
frisch gemahlener schwarzer Pfeffer
2 EL Butterschmalz
1 Zweig Thymian
2 Zweige Rosmarin
1 Handvoll bestes Bio-Heu
1 TL Zucker
150 ml roter Portwein
250 ml trockener Rotwein
100 ml Rinderbrühe
50 g Butter
1 TL Speisestärke
50 g kalte Butterwürfel

Für das Kartoffel-Sellerie-Püree

500 g mehligkochende Kartoffeln
400 g Knollensellerie
Salz
75 g Butter
150 ml Vollmilch
frisch geriebene Muskatnuss

Zum Anrichten

2 EL Schnittlauchröllchen

TIPP VON JOHANN LAFER

Gerade bei großen Fleischstücken ist das Sous-Vide-Garen perfekt geeignet, da durch die niedrige Temperatur und die Zeit das Fleisch immer zart und rosa wird.

Für das Entrecôte: Das Wasserbad auf 64 °C vorheizen. Die Schalotten abziehen und würfeln. Das Entrecôte mit Salz und Pfeffer würzen. Das Butterschmalz in einer Pfanne erhitzen und das Fleisch zusammen mit dem Thymian, dem Rosmarin und dem Bio-Heu rundum darin anbraten. Das Fleisch aus der Pfanne nehmen und die Schalotten darin anbraten. Den Zucker darüberstreuen und die Schalotten leicht karamellisieren. Mit Port- und Rotwein ablöschen und einkochen lassen. Dann mit der Rinderbrühe aufgießen. Das Entrecôte mit der Butter und der Sauce in einen Folienbeutel füllen, vakuumieren und 60 Minuten im Wasserbad garen. Anschließend das Fleisch aus dem Vakuumbeutel nehmen, dabei den Sud auffagen. Das Entrecôte 5 Minuten im Warmen ruhen lassen. Den Sud durch ein Sieb gießen und um die Hälfte einkochen. Anschließend mit der in 1 EL Wasser angerührten Speisstärke leicht binden. Den Topf vom Herd ziehen und die kalten Butterwürfel unterrühren. Das Entrecôte vor dem Servieren in dicke Stücke schneiden.

Kartoffel-Sellerie-Püree: Die Kartoffeln und den Sellerie schälen, würfeln und in kochendem Salzwasser in etwa 30 Minuten weich garen. Anschließend abgießen und durch eine Presse in einen Topf drücken. Die Butter unterrühren. Die Milch mit Salz und Muskat aufkochen und unter das Püree rühren. Das Püree bis zum Servieren warmhalten.

Anrichten: Das Püree und das Entrecôte auf den vorgewärmten Tellern anrichten. Etwas Sauce darüberträufeln und mit Schnittlauch garnieren. Dazu passen zart gekochte, mit Honig und Vanille karamellisierte Frühlingskarotten und junge, in zerlassener Butter geschwenkte Frühlingszwiebeln.

TOSCANA
2013

KALB

KALBSHAXE IN ASPIK MIT KAPERN, DILL UND GURKE

Für 8 Personen – Sous-Vide-Garzeit: (Kalbshaxe 24 Std. bei 65 °C, s. S. 88), gesamt: 6 Std. 20 Min.

Für die Kalbshaxe in Aspik

1 Salatgurke
1 TL Salz
1 TL Zucker
Saft und Schale von ½ unbehandelten Zitrone
1 Bund Dill
etwa 150 ml Gemüsefond (Glas)
1 g Agar-Agar
½ gegarte Kalbshaxe (Rezept S. 88)
50 g Kapern (Nonpareilles)

Zum Anrichten

100 g Baby Leaves, geputzt
8 Scheiben sehr dünnes Roggenknäckebrot (z. B. Finn Crisp)
Fleur de Sel
2 EL Creme fraîche

Kalbshaxe in Aspik: Die Gurke waschen, schälen, längs halbieren und in kleine Würfel schneiden. Die Gurkenwürfel mit dem Salz, dem Zucker und einem breiten Schalenstreifen der Zitrone in einen Folienbeutel füllen, vakuumieren und 2 Stunden marinieren. Den Dill waschen, trockentupfen und die Blätter sehr fein hacken. Die Gurkenwürfel aus dem Vakuumbeutel nehmen und dabei den Sud auffangen. Die Zitronenschale entfernen. Den Gurkenfond mit dem Gemüsefond auf insgesamt 200 ml aufgießen. Das Agar-Agar unterrühren, den Sud aufkochen und 2 Minuten köcheln lassen. Das Fleisch klein würfeln. Anschließend die Fleischwürfel, die Gurkenwürfel, die Kapern und den Dill in einer Schüssel mischen und den Sud hinzufügen. Mit Salz und Zitronensaft abschmecken. Die Masse in eine Terrinenform (etwa 750 ml Fassungsvermögen) füllen und abgedeckt mindestens 4 Stunden kalt stellen.

Anrichten: Die Terrine in Scheiben schneiden. Einige Salatblätter auf dem Roggenknäckebrot verteilen und die Kalbshaxenterrine darauf anrichten. Mit etwas Fleur de Sel bestreuen und mit einem Tupfen Creme fraîche servieren.

KALT AUFGESCHNITTENER KALBSRÜCKEN MIT HONIG-SENF-SAUCE UND ASIA-KRESSE

Für 4 Personen – Sous-Vide-Garzeit: (Kalbsrücken 45 Min. bei 56 °C, s. S. 96), gesamt: 20 Min.

Für die Cashewkerne

2 EL Cashewkerne

Für den Kalbsrücken

½ gegarter Kalbsrücken (Rezept Seite 96)
3 EL flüssiger Honig
2 EL grobkörniger Dijonsenf
2 EL Sojasauce
Fleur de Sel
frisch gemahlener schwarzer Pfeffer

Zum Anrichten

4 Schalen Asia-Kresse (z. B. Daikon, Shiso, Sakura)
Naan-Brot (asiatische Brotsorte, erhältlich im Asia-Laden)

Cashewkerne: Die Cashewkerne grob hacken und in einer Pfanne ohne Fett anrösten. Anschließend zum Abkühlen beiseitestellen.

Kalbsrücken: Den kalten Kalbsrücken aus dem Vakuumbeutel nehmen, abtropfen lassen. Das Fleisch in dünne Scheiben schneiden und auf einer Platte auslegen. Den Honig, den Senf und die Sojasauce zu einer sämigen Sauce verrühren und die Fleischscheiben mit der Sauce bestreichen. Abschließend mit Fleur de Sel und Pfeffer würzen.

Anrichten: Die Asia-Kresse mit einer Schere abschneiden und zusammen mit den gerösteten Cashewkernen über den Kalbsrücken streuen. Mit dem frisch aufgebackenen Naan-Brot servieren.

INVOLTINI VOM KALBSRÜCKEN MIT SELLERIE, APFEL UND BÄRLAUCH

Für 4 Personen – Sous-Vide-Garzeit: (Kalbsrücken 45 Min. bei 56 °C, s. S. 96), gesamt: 40 Min.

Für den Sellerie-Apfel-Salat

2 Stangen Staudensellerie
1 grüner Apfel (z. B. Granny Smith)
Saft von ½ Zitrone
2 Stängel glatte Petersilie
1 EL Olivenöl
1 TL Zucker
2 Prisen Salz

Für das Bärlauchpesto

1 Bund Bärlauch (etwa 50 g)
50 g Mandelkerne
100 ml Olivenöl
30 g Parmesan, frisch gerieben
Salz
frisch gemahlener schwarzer Pfeffer

Für die Involtini

½ gegarter Kalbsrücken (Rezept Seite 96)
Salz
frisch gemahlener schwarzer Pfeffer

Sellerie-Apfel-Salat: Den Staudensellerie waschen, putzen und die Fäden abziehen. Die Stangen zuerst in 6–7 cm lange Stücke schneiden, anschließend in dünne Streifen schneiden. Den Apfel waschen, halbieren und das Kerngehäuse entfernen. Die Apfelhälften in dünne Scheiben und anschließend ebenfalls in dünne Streifen schneiden. Die Sellerie- und Apfelstreifen mit den übrigen Zutaten in einen Folienbeutel füllen, vakuumieren und 20 Minuten marinieren. Vor der Weiterverwendung den Salat aus dem Vakuumbeutel nehmen und etwas abtropfen lassen.

Bärlauchpesto: Den Bärlauch waschen, trockentupfen und grob zerkleinern. Den Bärlauch zusammen mit den Mandeln und dem Olivenöl in einem Standmixer fein pürieren. Den Parmesan unterrühren und mit Salz und Pfeffer würzen.

Involtini: Den kalten Kalbsrücken aus dem Vakuumbeutel nehmen und trockentupfen. Das Fleisch in dünne Scheiben schneiden. Jeweils eine Fleischscheibe auslegen. Ein kleines Bündel des Sellerie-Apfel-Salats auf die Fleischscheibe legen und diese aufrollen. Mit den restlichen Zutaten ebenso verfahren. Die fertigen Involtini mit der Nahtstelle nach unten auf eine Platte legen. Vor dem Servieren die Involtini mit Salz und Pfeffer würzen.

Anrichten: Die Involtini mit dem Bärlauchpesto beträufeln.

JOGHURTFLADEN MIT KALBSKOTELETT, AVOCADO UND CHEDDAR

Für 4 Personen – Sous-Vide-Garzeit: (Kalbskotelett 45 Min. bei 56 °C, s. S. 98), gesamt: 50 Min.

Für die Joghurtfladen

150 g Weizenmehl Type 405
150 g Naturjoghurt (3,5 % Fettgehalt)
1 TL Backpulver
1 EL Olivenöl

Für die Avocado-Creme

2 reife Avocados
Saft von 1 Limette
Salz
frisch gemahlener schwarzer Pfeffer
½ TL Chiliflocken
2 Strauchtomaten
1 Bund glatte Petersilie

Für die Kalbskoteletts

2 gegarte Kalbskoteletts (Rezept Seite 98)
Olivenöl zum Braten

Für die Fertigstellung

200 g geraspelter Cheddarkäse
Salz
frisch gemahlener schwarzer Pfeffer

Joghurtfladen: Das Mehl mit dem Joghurt, dem Backpulver und dem Olivenöl in der Küchenmaschine zu einem Teig verkneten. Den Teig zu einer Kugel formen, mit Mehl bestauben und 10 Minuten abgedeckt ruhen lassen. Eine Pfanne erhitzen. Den Teig in acht Stücke teilen und jeweils auf der gut bemehlten Arbeitsfläche dünn ausrollen. Das überschüssige Mehl abklopfen und den Teig in der heißen Pfanne ohne Öl von beiden Seiten kurz braten. Aus der Pfanne nehmen und beiseitelegen.

Füllung: Die Avocados halbieren, entkernen und das Fruchtfleisch mit einem Esslöffel herausheben. Anschließend das Fruchtfleisch mit der Gabel zerdrücken und mit dem Limettensaft, Salz, Pfeffer und den Chiliflocken würzen. Die Tomaten waschen, den Strunk herausschneiden und das Fruchtfleisch würfeln. Die Petersilie waschen, trocknen und abzupfen. Die Blätter fein hacken. Die Tomatenwürfel und die Petersilie unter die Avocado-Creme rühren.

Koteletts: Die Koteletts trockentupfen. In einer Grillpfanne etwas Olivenöl stark erhitzen und die Koteletts von jeder Seite 1 Minute grillen. Anschließend das Fleisch in Streifen schneiden.

Fertigstellung: Die Joghurtfladen auf der Arbeitsfläche ausbreiten und jeweils zur Hälfte mit der Avocado-Creme bestreichen. Die Fleischscheiben und den Käse darauf verteilen. Mit Salz und Pfeffer würzen und die Fladen zu Halbmonden zusammenklappen. Die Fladen auf ein mit Backpapier ausgekleidetes Backblech legen und im auf 230 °C vorgeheizten Backofen (Grillfunktion) 2–3 Minuten überbacken.

Anrichten: Die Fladen frisch aus dem Ofen auf vorgewärmten Tellern anrichten.

TAFELSPITZ-SALAT MIT SPINAT, BLAUBEEREN, KÜRBISKERNÖL UND BACON-CRUNCH

Für 4 Personen – Sous-Vide-Garzeit: (Kalbstafelspitz 3 Std. bei 56 °C, s. S. 86), gesamt: 20 Min.

Für den Bacon-Crunch

8 Scheiben Bacon

Für den Tafelspitz-Salat

150 g junger Blattspinat
150 g Heidelbeeren
1 Schalotte
1 TL mittelscharfer Senf
2 TL flüssiger Honig
½ TL Salz
3 EL Weißweinessig
50 ml Kürbiskernöl
½ gegarter Tafelspitz (Rezept Seite 86)

Bacon-Crunch: Den Backofen auf 200 °C Ober-/ Unterhitze (180 °C Umluft) vorheizen. Die Baconscheiben nebeneinander auf einem mit Backpapier ausgelegten Backblech ausbreiten. Im vorgeheizten Backofen 10–15 Minuten knusprig backen. Etwas abkühlen lassen und zerbröseln.

Tafelspitz-Salat: Den Spinat putzen, waschen und trockenschleudern. Die Heidelbeeren waschen und abtropfen lassen. Die Schalotte abziehen und fein würfeln. Für das Dressing die Schalottenwürfel mit dem Senf, dem Honig, dem Salz und dem Weißweinessig verrühren. Anschließend das Kürbiskernöl unterschlagen. Den kalten Kalbstafelspitz in dünne Scheiben schneiden.

Anrichten: Die Tafelspitzscheiben auf einer Platte auslegen und mit der Hälfte des Dressings bestreichen. Den Spinat und die Blaubeeren darauf verteilen und mit dem übrigen Dressing beträufeln. Den Bacon-Crunch darüberstreuen und servieren.

KALBSBÄCKCHEN-SALAT MIT SPARGEL, APFEL UND SONNENBLUMENKERNEN

Für 4 Personen – Sous-Vide-Garzeit: (Kalbsbäckchen 24 Std. bei 65 °C, s. S. 92), gesamt: 2 Std. 15 Min.

Für den Kalbsbäckchen-Salat

1 Bund weißer Spargel
1 TL Salz
Saft von 1 Zitrone
2 TL flüssiger Honig
1 EL Olivenöl
2 süß-säuerliche Äpfel (z. B. Elstar)
400 g gegarte Kalbsbäckchen (Rezept Seite 92)
1 EL Weißweinessig
2 TL grobkörniger Dijonsenf
Salz
frisch gemahlener schwarzer Pfeffer

Für die karamellisierten Sonnenblumenkerne

2 EL Puderzucker
50 g Sonnenblumenkerne

Zum Anrichten

2 Schalen Mizuna (Asia-Salat), geputzt

Kalbsbäckchen-Salat: Den Spargel waschen, schälen und schräg in 2 cm lange Stücke schneiden. Die Spargelstücke zusammen mit dem Salz, dem Zitronensaft, dem Honig und dem Olivenöl in einen Folienbeutel füllen, vakuumieren und 2 Stunden marinieren. Die Äpfel waschen, halbieren, das Kernhaus entfernen und in dünne Spalten schneiden. Die kalten Kalbsbäckchen würfeln. Den Weißweinessig und den Senf verrühren. Den Spargel zusammen mit dem Sud in eine große Schale leeren, die Äpfel und die Fleischwürfel zugeben. Das Dressing darübergießen, mit Salz und Pfeffer würzen und den Salat vermischen.

Karamellisierte Sonnenblumenkerne: Den Puderzucker in einer Pfanne schmelzen, die Sonnenblumenkerne hinzufügen und kurz anrösten, bis der Zucker goldbraun und die Kerne mit Karamell ummantelt sind. Die karamellisierten Sonnenblumenkerne auf Backpapier ausbreiten und abkühlen lassen.

Anrichten: Den Kalbsbäckchen-Salat in Schalen anrichten. Mit den karamellisierten Sonnenblumenkernen und Mizuna bestreut servieren.

TIPP

Asia-Salate wie Mizuna, Green in Snow oder Red Giant sind Kohlsalate, die ursprünglich aus dem asiatischen Raum stammen. Mittlerweile erfreuen sie sich auch in Europa wachsender Beliebtheit, da sie ohne großen Aufwand nahezu ganzjährig angebaut werden können und in der Küche vielseitig z. B. als Salat, Suppeneinlage oder zum Umwickeln einsetzbar sind.

SALAT MIT KALBSFILET, CHAMPIGNONS UND VANILLE-PFEFFER-VINAIGRETTE

Für 4 Personen – Sous-Vide-Garzeit: (Kalbsfilet 1 Std. bei 56 °C, s. S. 82), gesamt: 20 Min.

Für den Salat

½ gegartes Kalbsfilet (Rezept Seite 82)
250 g Champignons
1 TL Mélange noir (Mischung verschiedener schwarzer Pfeffersorten)
Mark von ½ Vanilleschote
3 EL Weißweinessig
1 EL Ahornsirup
3 EL Olivenöl
Salz
frisch gemahlener schwarzer Pfeffer
1 Schale Gartenkresse

Zum Anrichten

etwas frisches Ciabatta

Salat: Das Kalbsfilet komplett auskühlen lassen. Anschließend in dünne Scheiben schneiden und auf einer Platte auslegen. Die Champignons trocken abreiben und die Stiele abschneiden. Die Pilzköpfe in dünne Scheiben hobeln und gleichmäßig auf dem Fleisch verteilen. Für die Vinaigrette die Pfeffermischung im Mörser grob zerstoßen und mit dem Vanillemark, dem Weißweinessig, dem Ahornsirup und dem Olivenöl verrühren. Die Vinaigrette mit Salz und Pfeffer abschmecken und über dem Fleisch und den Pilzen verteilen. Die Gartenkresse darüberstreuen.

Anrichten: Die Platte zusammen mit dem Brot auf den Tisch stellen.

SAFRANCRÊPES MIT KALBSFILET, BIRNE UND FELDSALAT

Für 4 Personen – Sous-Vide-Garzeit: (Kalbsfilet 1 Std. bei 56 °C, s. S. 82), gesamt: 35 Min. (+ 4 Std. marinieren)

Für die Birnen
2 reife Birnen
Saft von ½ Zitrone
1 TL Szechuanpfeffer

Für die Crêpes
100 g Weizenmehl Type 405
200 ml Vollmilch
2 Eier
20 g flüssige Butter
1 Döschen gemahlener Safran
1 Prise Salz
Butter

Für den Feldsalat
150 g Feldsalat
Salz
1 EL Walnussöl

Fertigstellung
½ gegartes Kalbsfilet (Rezept Seite 82)
frisch gemahlener schwarzer Pfeffer
2 EL Schnittlauchröllchen

Birnen: Die Birnen waschen, schälen, halbieren und das Kernhaus entfernen. Die Birnenhälften in dünne Spalten schneiden und zusammen mit dem Zitronensaft und dem Szechuanpfeffer in einen Folienbeutel füllen, vakuumieren und 4 Stunden marinieren. Anschließend aus dem Vakuumbeutel in eine Schale umfüllen.

Crêpes: Das Mehl mit der Milch, den Eiern, der Butter, dem Safran und dem Salz verrühren. Den Teig anschließend abgedeckt 10 Minuten ruhen lassen. Eine beschichtete Pfanne dünn mit Butter ausstreichen. Den Teig mit einer Schöpfkelle portionsweise in der Pfanne geben, durch Schwenken dünn darin verteilen und hellgelb ausbacken.

Feldsalat: Den Feldsalat mit einer Prise Salz und Walnussöl marinieren.

Fertigstellung: Das Kalbsfilet in dünne Scheiben schneiden. Die Crêpes mittig mit dem Kalbsfilet, dem Feldsalat und den Birnenspalten belegen. Etwas Pfeffer und Schnittlauchröllchen darüberstreuen, die Crêpes aufrollen und in Stücke schneiden. Die Rollen mit Holzspießen fixieren und zum Servieren auf eine Platte legen.

KÖNIGSBERGER KLOPSE

Für 4 Personen – Sous-Vide-Garzeit: Fleischbällchen 30 Min. bei 60 °C, gesamt: 1 Std.

Für die Königsberger Klopse

2 Schalotten
1 Knoblauchzehe
1 EL Olivenöl
600 g Kalbshackfleisch
1 Ei
2 EL Semmelbrösel
1 TL mittelscharfer Senf
Salz
frisch gemahlener schwarzer Pfeffer
100 ml trockener Weißwein
400 ml Kalbsfond (Glas)
150 g flüssige Sahne
2 EL kleine Kapern
Saft von ½ Zitrone

Zum Anrichten

4 Stängel Dill, gehackt
Reis oder Salzkartoffeln

Königsberger Klopse: Das Wasserbad auf 60 °C vorheizen. Die Schalotten und den Knoblauch abziehen. Die Schalotten fein würfeln, den Knoblauch fein hacken. Das Olivenöl in einer Pfanne erhitzen und die Schalotten und den Knoblauch darin anschwitzen. Das Kalbshackfleisch mit dem Ei, den Semmelbröseln, dem Senf und der Zwiebel-Knoblauch-Mischung in eine Schüssel geben. Mit Salz und Pfeffer würzen und alles zu einem homogenen Fleischteig vermengen. Aus der Masse zwölf kleine Bällchen formen. Den Weißwein, den Kalbsfond, die Sahne und die Kapern vermischen und mit Salz abschmecken. Die Fleischbällchen zusammen mit der Sauce in einen Folienbeutel füllen, vakuumieren und 30 Minuten im Wasserbad garen.

Anschließend die Fleischbällchen aus dem Vakuumbeutel nehmen und warmstellen. Die Sauce in einen Topf umfüllen und aufkochen. Dann die Sauce mit Salz, Pfeffer und etwas Zitronensaft abschmecken und mit dem Pürierstab schaumig aufmixen.

Anrichten: Die Königsberger Klopse mit der Sauce auf die vorgewärmten Teller verteilen und mit Dill bestreuen. Die gewählte Beilage daneben anrichten.

TIPP

Die Sauce kann für eine etwas sämigere Variante mit 1–2 TL in kaltem Wasser angerührter Speisestärke gebunden werden.

KALBSFILET MIT MISO-CREME, THAI-SPARGEL, SHIITAKE-PILZEN UND PORTULAK

Für 4 Personen – Sous-Vide-Garzeit: Kalbsfilet 1 Std. bei 56 °C, gesamt: 1 Std. 15 Min.

Für das Kalbsfilet
700 g Kalbsfilet (Mittelstück)
Salz
40 ml Olivenöl
2 Zweige Zitronenthymian
1 EL Nussbutter
frisch gemahlener schwarzer Pfeffer

Für die Miso-Creme
150 g geschälte Mandelkerne
30 g Miso-Paste
1 EL Olivenöl
Saft von 1 Limette
Salz
frisch gemahlener schwarzer Pfeffer

Für das Gemüse
12 Shiitake-Pilze
20 g Butter
200 g Thai-Spargel
2 Schalotten
1 Msp. Chiliflocken
Salz
frisch gemahlener schwarzer Pfeffer

Zum Anrichten
1 Handvoll Portulak, geputzt

Kalbsfilet: Das Wasserbad auf 56 °C vorheizen. Das Kalbsfilet in Form binden, leicht salzen und zusammen mit dem Olivenöl und dem Zitronenthymian in einen Folienbeutel füllen, vakuumieren und 1 Stunde im Wasserbad garen. Das Kalbsfilet aus dem Vakuumbeutel nehmen und trockentupfen. In einer Pfanne die Nussbutter erhitzen und das Filet von allen Seiten kurz anbraten, anschließend mit Salz und Pfeffer würzen und in Scheiben schneiden.

Miso-Creme: Die Mandeln fein mahlen und zusammen mit der Miso-Paste, dem Olivenöl, dem Limettensaft und 200 ml Wasser pürieren. Mit Salz und Pfeffer würzen.

Gemüse: Die Shiitake-Pilze trocken abreiben und die Stiele abschneiden. Kleine Pilze im Ganzen verwenden, größere halbieren. Die Butter in einer Pfanne aufschäumen und die Shiitake-Pilze darin etwa 5 Minuten anbraten. Anschließend den Thai-Spargel, die gewürfelten Schalotten und die Chiliflocken zugeben und weiter 2 Minuten braten. Mit Salz und Pfeffer würzen.

Anrichten: Die Shiitake-Pilze und den Spargel auf den vorgewärmten Tellern verteilen. Die Miso-Creme in Tupfen dazugeben und das Fleisch darauflegen. Mit dem Portulak garnieren.

TIPP

Für die Nussbutter in einer Pfanne bei mittlerer Temperatur reichlich Butter aufschäumen und solange erhitzen, bis sie eine goldbraune Farbe und ein nussiges Aroma hat. Die Butter durch ein feines Sieb passieren und abkühlen lassen.

KALBSNUSS MIT GEBRATENEN BITTERSALATEN, DUKKAH UND BLUTORANGENJUS

Für 4 Personen – Sous-Vide-Garzeit: Kalbsnuss 3 Std. bei 58 °C, gesamt: 3 Std. 10 Min.

Für die Kalbsnuss
1 Kalbsnuss (etwa 800 g)
Salz
½ TL Tellicherry-Pfeffer, gemörsert
30 g Butter
150 ml trockener Weißwein

Für das Dukkah (afrikanisch-arabische Nuss-Gewürzmischung)
25 g Haselnusskerne
25 g Mandelkerne
25 g weiße Sesamsaat
1 TL Schwarzkümmelsamen
1 TL Koriandersamen
1 TL Kreuzkümmelsamen
1 TL schwarze Pfefferkörner
1 TL Fleur de Sel
2 TL edelsüßes Paprikapulver
2 TL getrockneter Oregano
1 TL getrocknete Minze

Für die Blutorangenjus
5 Blutorangen (alternativ Saftorangen und 2 TL Granatapfelsirup)
2 Schalotten
20 g Butter
2 EL Zucker
1 Sternanis
Salz
frisch gemahlener schwarzer Pfeffer

Für die Bittersalate
2 Chicorée
2 Treviso
2 EL Olivenöl
Salz
frisch gemahlener schwarzer Pfeffer

Kalbsnuss: Das Wasserbad auf 58 °C vorheizen. Die Kalbsnuss mit Salz und Tellicherry-Pfeffer würzen. In einer Pfanne die Butter aufschäumen und die Kalbsnuss darin von allen Seiten kurz anbraten. Das Fleisch aus der Pfanne nehmen. Den Bratensatz mit dem Weißwein ablöschen und dickflüssig einkochen. Das Fleisch mit dem eingekochten Sud in einen Folienbeutel füllen, vakuumieren und 3 Stunden im Wasserbad garen. Anschließend die Kalbsnuss aus dem Vakuumbeutel nehmen, abtropfen lassen und in dünne Scheiben schneiden.

Dukkah: Die Haselnuss- und Mandelkerne in einem Standmixer mahlen. Anschließend die Kernmischung mit den Sesamsamen in einer Pfanne ohne Fett anrösten und zum Abkühlen beiseitestellen. Die Schwarzkümmel-, Koriander- und Kreuzkümmelsamen sowie die Pfefferkörner ebenso anrösten, im Mörser zerstoßen und ebenfalls abkühlen lassen. Die abgekühlten Mischungen zusammen mit den restlichen Zutaten in ein Schraubglas füllen und gut vermischen.

Blutorangenjus: Die Orangen halbieren und den Saft auspressen. Die Schalotten abziehen und in Würfel schneiden. Die Butter in einem Topf erhitzen und die Schalottenwürfel darin anschwitzen. Mit dem Blutorangensaft ablöschen und den Zucker und den Sternanis zufügen. Die Sauce bei niedriger Temperatur auf ein Drittel einkochen und mit Salz und Pfeffer würzen.

Bittersalate: Den Chicorée und den Treviso waschen und längs halbieren oder vierteln. In einer Pfanne das Olivenöl erhitzen und die Salatteile darin anbraten. Mit Salz und Pfeffer würzen.

Anrichten: Die Bittersalate auf den vorgewärmten Tellern verteilen und mit dem Blutorangenjus beträufeln. Einige Scheiben Fleisch dazulegen und etwas Dukkah darüberstreuen.

TIPP

Als Beilage eignen sich die in Olivenöl gebratenen kleinen Kartoffelwürfel von Seite 188.

ROSA KALBSTAFELSPITZ MIT SENF-HOLLANDAISE UND GEBRATENEM BROKKOLI

Für 4 Personen – Sous-Vide-Garzeit: Kalbstafelspitz 3 Std. bei 56 °C, gesamt: 3 Std. 15 Min.

Für den Kalbstafelspitz

1 Kalbstafelspitz (etwa 800 g)
Salz
½ Knoblauchzehe
1 TL Koriandersamen, gemörsert
½ Schote langer Pfeffer, gemörsert
30 ml Olivenöl
30 g Butter
frisch gemahlener schwarzer Pfeffer

Für die Senf-Hollandaise

250 g Butter
75 ml trockener Weißwein
1 Schalotte
4 schwarze Pfefferkörner
3 Eigelb
Saft von ½ Zitrone
2 TL feiner Dijonsenf
Salz
frisch gemahlener schwarzer Pfeffer

Für den gerösteten Brokkoli

500 g Bimi®
30 g Butter
Salz
frisch geriebene Muskatnuss

Zum Anrichten

frisch gehobelter Parmesan

Kalbstafelspitz: Das Wasserbad auf 56 °C vorheizen. Den Kalbstafelspitz trockentupfen und leicht salzen. Das Fleisch mit dem Knoblauch, den Koriandersamen, der Pfefferschote und dem Olivenöl in einen Folienbeutel füllen, vakuumieren und 3 Stunden im Wasserbad garen. Anschließend zum Abkühlen beiseitelegen. Vor dem Servieren den Tafelspitz bei 56 °C 30 Minuten temperieren, aus dem Vakuumbeutel nehmen und abtropfen lassen. In einer Pfanne die Butter aufschäumen und den Kalbstafelspitz kurz von allen Seiten anbraten. Das Fleisch in Scheiben schneiden und mit Salz und Pfeffer würzen.

Senf-Hollandaise: Die Butter in einem Topf bei mittlerer Temperatur schmelzen, die Molke am Boden absetzen lassen, die geklärte Butter abgießen und zum Abkühlen beiseitestellen. Den Weißwein mit der in Würfel geschnittenen Schalotte und den Pfefferkörnern in einem Topf erhitzen und auf die Hälfte einkochen. Die Sauce durch ein feines Sieb in eine Rührschüssel passieren. Das Eigelb zufügen und die Masse über einem heißen Wasserbad dickcremig aufschlagen. Die geklärte, flüssige Butter löffelweise zugeben und unterschlagen. Mit dem Zitronensaft, dem Senf, Salz und Pfeffer würzig abschmecken. Die Senf-Hollandaise bis zur Verwendung warmstellen.

Gerösteter Brokkoli: Den Bimi waschen und putzen. Die Butter in einer Pfanne erhitzen und den Bimi etwa 5 Minuten langsam braten. Mit Salz und Muskatnuss würzen.

Anrichten: Den Bimi mit dem Tafelspitz auf den vorgewärmten Tellern verteilen. Die Senf-Hollandaise in Tupfen daraufsetzen. Den Parmesan fein darüberhobeln und servieren. Als schnelle Beilage können Orecchiette dazu serviert werden.

TIPP

Unter dem Begriff »Bimi®« versteht man eine Züchtung aus Brokkoli und einem orientalischen Kohl. Er wird auch als Spargelbrokkoli oder Brokkolini bezeichnet.

GEKRÄUTERTE KALBSHAXE MIT SELLERIE-OLIVEN-PÜREE, PETERSILIENÖL UND SELLERIECHIPS

Für 4 Personen – Sous-Vide-Garzeit: Kalbshaxe 24 Std. bei 65 °C, Sellerie 90 Min. bei 85 °C, gesamt: 26 Std.

Für die Kalbshaxe

1 Kalbshaxe ohne Knochen (800 g)
Salz
6 Zweige Thymian
2 Zweige Rosmarin
3 Zweige Oregano
40 ml Olivenöl
50 g flüssige Sahne
frisch gemahlener schwarzer Pfeffer

Für die Selleriechips

1 Knolle Sellerie (etwa 800 g)
50 g Zucker

Für das Sellerie-Oliven-Püree

50 ml Olivenöl
100 ml Vollmilch
1 TL Salz
100 g entsteinte grüne Oliven
frisch gemahlener schwarzer Pfeffer

Für das Petersilienöl

1 Bund glatte Petersilie
100 ml Olivenöl
Saft von ½ Zitrone
½ TL Salz + etwas mehr zum Abschmecken
1 TL Ahornsirup
frisch gemahlener schwarzer Pfeffer

Kalbshaxe: Das Wasserbad auf 65 °C vorheizen. Die Kalbshaxe leicht salzen, mit den Kräutern und dem Olivenöl in einen Folienbeutel füllen, vakuumieren und 24 Stunden im Wasserbad garen. Anschließend abkühlen lassen. Vor dem Servieren die Kalbshaxe in einem auf 65 °C temperierten Wasserbad 30 Minuten regenerieren. Die Kalbshaxe aus dem Vakuumbeutel nehmen und den Sud auffangen. Das Fleisch bis zum Servieren warmstellen. Den Kalbssud mit der Sahne sämig einkochen und mit Salz und Pfeffer würzen.

Selleriechips: Die Sellerieknolle waschen, schälen und vier hauchdünne (etwa 1 mm) Scheiben abschneiden. Den Rest für das Selleriepüree verwenden. Den Zucker mit 50 ml Wasser aufkochen und abkühlen lassen. Die Selleriescheiben mit dem Zucker in einen Folienbeutel füllen, vakuumieren und 2 Stunden marinieren. Anschließend den Vakuumbeutel entfernen, die Selleriescheiben sorgfältig trockentupfen und auf einer Silikonmatte im Backofen bei 70 °C Umluft 2–3 Stunden trocknen.

Sellerie-Oliven-Püree: Das Wasserbad auf 85 °C vorheizen. Den restlichen Sellerie (siehe Selleriechips) in 2 cm große Würfel schneiden. Die Würfel flach nebeneinander in einen Folienbeutel legen, mit dem Olivenöl, der Milch und dem Salz vakuumieren und 90 Minuten im Wasserbad garen. Anschließend Inhalt des Vakuumbeutels in einen Standmixer umfüllen und fein pürieren.

Die Oliven fein hacken, untermischen und das Püree mit Salz und Pfeffer abschmecken.

Petersilienöl: Die Petersilie waschen, trockentupfen und die Blätter abzupfen. Die Petersilienblätter mit den übrigen Zutaten in einem Standmixer fein pürieren. Abschließend noch mit Salz und Pfeffer abschmecken.

Anrichten: Das Fleisch mit etwas Petersilienöl bestreichen, tranchieren, mit Salz und Pfeffer würzen. Das Selleriepüree auf den vorgewärmten Tellern anrichten und die Fleischtranchen dazulegen. Etwas Kalbssauce über das Fleisch träufeln und mit den Selleriechips garnieren.

KALBSRAGOUT VON DER HAXE MIT MORCHELN UND »SPARGELNUDELN«

Für 4 Personen – Sous-Vide-Garzeit: Kalbsragout 16 Std. bei 65 °C, gesamt: 16 Std. 30 Min.

Für das Kalbsragout

1 Kalbshaxe ohne Knochen (etwa 700 g)
150 ml Kalbsfond (Glas)
75 g flüssige Sahne
1 Lorbeerblatt
½ TL Mélange noir (Mischung verschiedener schwarzer Pfeffersorten), gemörsert
½ TL Salz

Für die Morcheln

10 getrocknete Morcheln
1 TL Speisestärke
Salz

Für den Spargel

1 Bund weißer Spargel
1 TL Salz
2 TL Zucker
Saft von ½ Limette

Zum Anrichten

½ Bund Kerbel, Blätter abgezupft

Kalbsragout: Das Wasserbad auf 65 °C vorheizen. Das Fleisch in 5 cm große Stücke zerteilen. Die Fleischstücke zusammen mit den restlichen Zutaten in einen Folienbeutel füllen, vakuumieren und 16 Stunden im Wasserbad garen. Anschließend das Fleisch aus dem Beutel nehmen und dabei den Kochsud auffangen. Das Fleisch beiseitestellen.

Morcheln: Die Morcheln mit 150 ml Wasser in einen Folienbeutel füllen, vakuumieren und 2 Stunden einweichen. Danach die Morcheln aus dem Vakuumbeutel nehmen und dabei das Einweichwasser auffangen. Die Morcheln zusammen mit dem Einweichwasser und dem Kochsud des Kalbsragouts (s. o.) in einem Topf aufkochen und etwa 10 Minuten offen einkochen. Die Speisestärke mit 2 EL kaltem Wasser anrühren und unter die Morcheln rühren. Die Sauce nochmals aufkochen. Vor dem Servieren das beiseitegestellte Fleisch in der Sauce erwärmen und mit etwas Salz abschmecken.

Spargel: Den Spargel waschen, schälen, gegebenenfalls holzige Anteile entfernen und die Enden abschneiden. Die Spargelstangen mit dem Sparschäler längs in dünne Streifen schneiden. Die Spargelstreifen flach in einem Folienbeutel verteilen, mit den übrigen Zutaten vakuumieren und 30 Minuten ziehen lassen. Vor dem Servieren die Spargelnudeln aus den Vakuumbeuteln nehmen.

Anrichten: Das Kalbsragout mit der Sauce auf vorgewärmte tiefe Teller verteilen. Die Spargelnudeln mit einer Fleischgabel portionsweise aufrollen und auf dem Ragout anrichten. Mit Kerbelblättchen bestreut servieren.

RAHM-KALBSBÄCKCHEN MIT ZITRUS-LAUCH-RISOTTO

Für 4 Personen – Sous-Vide-Garzeit: Kalbsbäckchen 24 Std. bei 65 °C, gesamt: 24 Std. 40 Min.

Für die Kalbsbäckchen
800 g Kalbsbäckchen
Salz
200 ml Kalbsfond (Glas)
50 g flüssige Sahne
1 Lorbeerblatt
2 Gewürznelken
2 Wachholderbeeren, angedrückt
Salz
frisch gemahlener schwarzer Pfeffer

Für den Risotto
1 Stange Lauch
Schale und Saft von ½ unbehandelten Zitrone
Salz
2 Schalotten
1 Knoblauchzehe
30 g Butter
230 g Risottoreis (z. B. Arborio)
50 ml trockener Weißwein
1 l Gemüsefond (Glas)
50 g Creme fraîche
40 g Parmesan, frisch gerieben
Salz
frisch gemahlener schwarzer Pfeffer

Zum Anrichten
2 EL Schnittlauchröllchen

Kalbsbäckchen: Das Wasserbad auf 65 °C vorheizen. Die Kalbsbäckchen parieren (Sehnen und Häute entfernen), leicht salzen und mit den übrigen Zutaten in einen Folienbeutel füllen, vakuumieren und 24 Stunden im Wasserbad garen. Anschließend in Eiswasser abkühlen.

Vor der Weiterverarbeitung die Kalbsbäckchen im Wasserbad 30 Minuten temperieren. Danach die Kalbsbäckchen aus dem Vakuumbeutel nehmen und dabei den Sud auffangen. Die Bäckchen bis zum Servieren warmhalten. Den Sud sämig einkochen lassen und mit Salz und Pfeffer würzen. Vor dem Servieren die Sauce mit einem Stabmixer aufschäumen.

Risotto: Den Lauch putzen, waschen und fein würfeln. Den Lauch mit der Zitronenschale und zwei Prisen Salz in einen Folienbeutel füllen, vakuumieren und 30 Minuten marinieren. Anschließend den marinierten Lauch aus dem Beutel nehmen, die Zitronenschale entfernen und den Lauch beiseitestellen.

Die Schalotten und den Knoblauch abziehen und in Würfel schneiden. Die Butter in einem Topf erhitzen und die Schalotten- und Knoblauchwürfel darin anschwitzen. Den Reis zugeben und ebenfalls anschwitzen. Mit dem Weißwein ablöschen und diesen vollständig einkochen. Die heiße Brühe unter ständigem Rühren portionsweise zugeben und dabei immer wieder vollständig einkochen lassen. Nach 15–18 Minuten hat der Reis leichten Biss. Abschließend die Creme fraîche, den beiseitegestellten Lauch sowie den Parmesan unterrühren und mit Salz und Pfeffer abschmecken.

Anrichten: Den Risotto in vorgewärmte, tiefe Teller verteilen und die Kalbsbäckchen darauflegen. Die aufgeschäumte Sauce um den Risotto gießen. Mit den Schnittlauchröllchen garnieren.

Silit

GEFÜLLTE KALBSBRUST AUF SÜSSKARTOFFEL-ZWIEBEL-STAMPF

Für 4 Personen – Sous-Vide-Garzeit: Kalbsbrust 16 Std. bei 65 °C, Süßkartoffeln 40 Min. bei 85 °C, gesamt: 16 Std. 20 Min.

Für die Kalbsbrust
50 g Cranberries
3 Zweige Thymian
150 g Ricotta
1 Msp. Chiliflocken
2 Eigelb
30 g Semmelbrösel
Salz
frisch gemahlener schwarzer Pfeffer
1 kg Kalbsbrust ohne Knochen
4 EL Olivenöl
25 g kalte Butterwürfel

Für den Süßkartoffel-Zwiebel-Stampf
800 g Süßkartoffeln
50 g Butter
100 ml Gemüsebrühe (Glas)
2 Prisen frisch geriebene Muskatnuss
Salz
frisch gemahlener schwarzer Pfeffer
3 EL Röstzwiebeln

Kalbsbrust: Das Wasserbad auf 65 °C vorheizen. Die Cranberries hacken. Den Thymian waschen, trocknen und die Blättchen abzupfen. Den Ricotta zusammen mit den Cranberries, den Thymianblättern, den Chiliflocken, dem Eigelb und den Semmelbröseln in eine Schüssel geben und vermischen. Die Füllung mit Salz und Pfeffer würzen. In die Kalbsbrust seitlich flach eine Tasche schneiden. Die Ricottamasse locker in die Fleischtasche füllen und die Öffnung mit Küchengarn verschließen. Die Kalbsbrust leicht salzen und in 2 EL heißem Olivenöl von allen Seiten kurz anbraten. Zusammen mit dem restlichen Olivenöl (2 EL) in einen Folienbeutel füllen, vakuumieren und 16 Stunden im Wasserbad garen. Die Kalbsbrust aus dem Vakuumbeutel nehmen, dabei den Fleischsaft auffangen, und warmstellen. Den Fleischsaft in einer Pfanne aufkochen und die kalten Butterwürfel unterrühren. Vor dem Servieren das Fleisch aufschneiden.

Süßkartoffel-Zwiebel-Stampf: Das Wasserbad auf 85 °C temperieren. Die Süßkartoffeln waschen, schälen und würfeln. Die Süßkartoffelwürfel mit der Butter, der Gemüsebrühe und der Muskatnuss in einen Folienbeutel füllen, vakuumieren und 40 Minuten im Wasserbad garen. Anschließend den Inhalt des Vakuumbeutels in eine flache Schüssel umfüllen und die Süßkartoffelwürfel mit einer Gabel grob zerdrücken. Den Stampf mit Salz und Pfeffer würzen und die Röstzwiebeln untermischen.

Anrichten: Den Süßkartoffelstampf auf den vorgewärmten Tellern verteilen. Die gefüllte Kalbsbrust darauf anrichten und mit dem Bratensaft beträufeln.

KALBSRÜCKEN IM GANZEN MIT »SPICY« KAROTTEN UND GEBRATENEN KRÄUTERSEITLINGEN

Für 4 Personen – Sous-Vide-Garzeit: Karotten 35 Min. bei 85 °C, Kalbsrücken 45 Min. bei 56 °C, gesamt: 1 Std. 50 Min.

Für die Karotten

1 Bund junge Karotten mit Grün
1 Msp. Chiliflocken
2 Kardamomkapseln
100 ml Gemüsebrühe (Glas)
50 ml Olivenöl
½ TL Salz

Für den Kalbsrücken

600 g Kalbsrücken, ausgelöst
Salz
80 g Butter
3 Wacholderbeeren, angedrückt
Schale von ¼ unbehandelten Zitrone
75 g Panko (Paniermehl, erhältlich im Asia-Laden)
frisch gemahlener schwarzer Pfeffer

Für die Kräuterseitlinge

10 Kräuterseitlinge
3 Zweige Thymian
2 EL Olivenöl
1 Knoblauchzehe, halbiert
Salz
frisch gemahlener schwarzer Pfeffer

Karotten: Das Wasserbad auf 85 °C vorheizen. Die Karotten waschen, putzen und schälen, dabei etwa 2 cm des Grüns stehen lassen. Mit den übrigen Zutaten in einen Folienbeutel füllen, vakuumieren und 35 Minuten im Wasserbad garen. Anschließend kühlen. Vor dem Servieren die Karotten aus dem Vakuumbeutel nehmen und dabei den Sud auffangen. Den Sud aufkochen und die Karotten darin erwärmen.

Kalbsrücken: Das Wasserbad auf 56 °C temperieren. Den Kalbsrücken mit Küchengarn in Form binden und leicht salzen. Zusammen mit 30 g Butter, den Wacholderbeeren und der Zitronenschale in einen Folienbeutel füllen, vakuumieren und 45 Minuten im Wasserbad garen. Vor dem Servieren die restliche Butter in einer Pfanne aufschäumen, das Panko goldbraun anrösten und salzen. Den Kalbsrücken aus dem Vakuumbeutel nehmen, trockentupfen und in den Pankobröseln wenden. In Scheiben schneiden und mit Salz und Pfeffer würzen.

Kräuterseitlinge: Die Kräuterseitlinge trocken abreiben und in Scheiben schneiden. Den Thymian waschen, trockentupfen und die Blätter abzupfen. Das Olivenöl in einer Pfanne erhitzen und die Pilze zusammen mit dem Knoblauch und den Thymianblättchen von beiden Seiten goldbraun anbraten. Mit Salz und Pfeffer würzen.

Anrichten: Die Karotten mit etwas Sud auf den vorgewärmten Tellern verteilen. Die Kräuterseitlinge und eine Scheibe Kalbsrücken dazulegen.

GEGRILLTES KALBSKOTELETT MIT MAISWAFFELN UND ANANASSALAT

Für 4 Personen – Sous-Vide-Garzeit: Kalbskotelett 45 Min. bei 56 °C, gesamt: 1 Std.

Für das Kalbskotelett
1 Knoblauchzehe
4 Kalbskoteletts (à 250 g)
1 Zweig Rosmarin
30 ml Olivenöl

Für die Maiswaffeln
125 g Weizenmehl Type 405
125 g Maismehl
1 TL Backpulver
1 TL gemahlene Kurkuma
1 TL Salz
350 ml Buttermilch
3 Eier
50 ml Olivenöl
etwas Fett für das Waffeleisen

Für den Ananassalat
½ frische Ananas
1 reife Avocado
1 rote Zwiebel
1 Bund Frühlingszwiebeln
Saft von 2 Limetten
1 TL brauner Zucker
2 EL Olivenöl
Salz

Zum Anrichten
Fleur de Sel
frisch gemahlener schwarzer Pfeffer

Kalbskotelett: Das Wasserbad auf 56 °C vorheizen. Den Knoblauch abziehen und halbieren. Die Koteletts mit dem Knoblauch, dem Rosmarin und dem Olivenöl in einen Folienbeutel füllen, vakuumieren und 45 Minuten im Wasserbad garen. Den Grill auf direkte starke Hitze (250–300 °C) vorheizen. Die Kalbskoteletts aus dem Vakuumbeutel nehmen und abtropfen lassen. Das Fleisch von beiden Seiten jeweils 30 Sekunden grillen.

Maiswaffeln: Das Mehl, das Maismehl, das Backpulver, die Kurkuma und das Salz in einer Schüssel mischen. Die Buttermilch, die Eier und das Öl in einer zweiten Schüssel verrühren. Die Mehlmischung zugeben und alles zu einem homogenen Teig vermischen. Das Waffeleisen vorheizen. Den Teig portionsweise mit einer Schöpfkelle auf das heiße, leicht gefettete Waffeleisen geben und entsprechend der Gebrauchsanweisung acht goldbraune Waffeln ausbacken.

Ananassalat: Den Strunk der Ananas entfernen. Die Avocado halbieren, den Kern entfernen und das Fruchtfleisch auslösen. Die Zwiebel abziehen. Das Ananas- und Avocadofruchtfleisch sowie die Zwiebel würfeln und in eine große Schüssel füllen. Die Frühlingszwiebeln putzen und in Ringe geschnitten ebenfalls in die Schüssel geben. Den Limettensaft, den braunen Zucker, das Olivenöl und etwas Salz vermischen und über die Ananas gießen. Den Salat gut durchmischen und abgedeckt beiseitestellen.

Anrichten: Je zwei Maiswaffeln auf die Teller verteilen und den Ananassalat darauf anrichten. Die Kalbskoteletts dazulegen und mit Fleur de Sel und Pfeffer würzen.

LAMM

LAMMFILETS AUF BLUTAMPFERSALAT MIT BROMBEEREN UND KAPERN

Für 4 Personen – Sous-Vide-Garzeit: Lammfilet 20 Min. bei 58 °C, gesamt: 30 Min.

Für die Lammfilets

8 Lammfilets (à 60–80 g)
Salz
1 Schote langer Pfeffer, gemörsert
20 ml Olivenöl

Für den Blutampfersalat

1 Schalotte
2 EL Olivenöl
150 g Brombeeren
2 TL Ahornsirup
3 EL Rotweinessig
Salz
150 g Blutampfer (oder rotstieliger Mangold)

Frittierte Kapern

50 ml Olivenöl
2 EL Kapern
Salz

Lammfilets: Das Wasserbad auf 58 °C vorheizen. Die Lammfilets leicht salzen und mit dem Pfeffer und dem Olivenöl in einen Folienbeutel füllen, vakuumieren und 20 Minuten im Wasserbad garen. Die Lammfilets aus dem Vakuumbeutel nehmen, gut abtropfen lassen und mit dem Bunsenbrenner rundum kurz abflämmen (oder in einer gut erhitzten Pfanne rundum kurz anbraten). Anschließend warmstellen.

Blutampfersalat: Die Schalotte abziehen und fein hacken. Das Olivenöl in einer Pfanne erhitzen und die Schalotte darin anschwitzen. Die Brombeeren, den Ahornsirup und den Essig zugeben und kurz aufkochen lassen. Das Salatdressing mit Salz würzen und zum Abkühlen beiseitestellen.

Den Blutampfer abbrausen, trockenschleudern und verlesen. Vor dem Servieren den Blutampfer mit dem Brombeerdressing marinieren.

Frittierte Kapern: Das Olivenöl in einer Pfanne erhitzen. Die Kapern mit Küchenpapier sehr gut trockentupfen und kurz im heißen Olivenöl frittieren. Die frittierten Kapern auf Küchenpapier abtropfen lassen und salzen.

Anrichten: Den Blutampfersalat auf die Teller verteilen und die Lammfilets darauf anrichten. Die Kapern darüberstreuen.

LAMMKOTELETTS MIT MANGO-TAMARINDEN-SAUCE

Für 4 Personen – Sous-Vide-Garzeit: Lammkoteletts 30 Min. bei 58 °C, gesamt: 1 Std. 15 Min.

Für die Mango-Tamarinden-Sauce
2 Zwiebeln
2 Knoblauchzehen
1 Chilischote
2 EL Ahornsirup
2 EL Tamarindenpaste
100 ml Kokosmilch
100 ml Sojasauce
Saft von 1 Limette
1 reife Mango

Lammkoteletts
16 Lammkoteletts
frisch gemahlener schwarzer Pfeffer

Zum Anrichten
1 Baguette

Mango-Tamarinden-Sauce: Die Zwiebeln abziehen und fein würfeln. Den Knoblauch abziehen und fein hacken. Die Chilischote waschen, entkernen und fein hacken. Die Zwiebeln, den Knoblauch und den Chili zusammen mit dem Ahornsirup in einen Topf geben und erhitzen. Die Tamarindenpaste, die Kokosmilch, die Sojasauce und den Limettensaft unterrühren. Die Mango schälen und das Fruchtfleisch vom Stein schneiden und würfeln. Die Hälfte der Mangowürfel in die Sauce rühren, den Rest beiseitestellen.. Die Sauce 30 Minuten köcheln lassen, dann in einem Standmixer fein pürieren und 10 Minuten abkühlen lassen. Etwa ein Drittel der Sauce für die Lammkoteletts (s. u.) verwenden. Vor dem Servieren die beiseitegestellten Mangowürfel unter die restliche Sauce rühren.

Lammkoteletts: Das Wasserbad auf 58 °C vorheizen. Die Lammkoteletts mit etwa einem Drittel der Mango-Tamarindensauce (s. o.) in einen Folienbeutel füllen, vakuumieren und 15 Minuten im Wasserbad garen. Den Grill auf 250 °C direkte Hitze vorheizen. Die Lammkoteletts aus dem Vakuumbeutel nehmen, etwas abtropfen lassen und auf dem Grill von beiden Seiten kurz grillen. Mit Pfeffer würzen.

Anrichten: Die Lammkoteletts mit der Sauce auf vorgewärmten Tellern anrichten und mit Baguette servieren.

WRAP MIT GEZUPFTER LAMMSCHULTER, FETA-CREME UND PETERSILIEN-SALAT

Für 4 Personen – Sous-Vide-Garzeit: Lammschulter 12 Std. bei 65 °C, gesamt: 12 Std. 20 Min. (+ 12 Std. marineren)

Für die Lammschulter

1 TL Koriandersamen
2 Gewürznelken
½ TL Tellicherry-Pfeffer
1 TL Zucker
1 TL Salz
700 g Lammschulter ohne Knochen

Für den Wrap

200 g Naturjoghurt (3,5 % Fettgehalt)
½ TL Salz
1 TL Backpulver
200 g Weizenmehl Type 550

Für den Petersilien-Salat

1 großer Bund glatte Petersilie (ca. 100 g)
3 Stängel Minze
1 rote Zwiebel
1 Fleischtomate
1 Knoblauchzehe
50 ml Olivenöl
Saft von ½ Zitrone
Salz
frisch gemahlener schwarzer Pfeffer

Für die Feta-Creme

150 g Fetakäse
250 g griechischer Joghurt (10 % Fettgehalt)
Saft von 1 Limette
½ TL Cayennepfeffer
Salz
frisch gemahlener schwarzer Pfeffer

Lammschulter: Aus den Gewürzen eine Mischung herstellen, im Mörser zerstoßen und die parierte Lammschulter damit einreiben. Das Fleisch in einen Folienbeutel geben, vakuumieren und 12 Stunden marinieren. Das Wasserbad auf 65 °C vorheizen. Das vakuumierte Fleisch darin 20 Stunden garen. Anschließend die Lammschulter aus dem Vakuumbeutel nehmen und dabei den Sud auffangen. Das Fleisch in einer Auflaufform mithilfe von Gabeln zerzupfen und mit dem Sud vermischen.

Wrap: Den Joghurt mit dem Salz, dem Backpulver und dem Mehl in der Küchenmaschine zu einem glatten Teig verkneten. Mit etwas Mehl bestauben und abgedeckt 30 Minuten ruhen lassen. Den Teig in acht Portionen teilen und auf der gut bemehlten Arbeitsfläche dünn ausrollen. Eine beschichtete Pfanne erhitzen, das überschüssige Mehl von den Fladen streichen und die Teigfladen in der Pfanne etwa 30 Sekunden von jeder Seite backen.

Petersilien-Salat: Die Petersilie und die Minze waschen, trockentupfen, die Blätter abzupfen und grob hacken. Die Zwiebel abziehen und würfeln. Die Fleischtomate waschen, den Stielansatz sowie gegebenenfalls die Kerne entfernen und das Fruchtfleisch in Würfel schneiden. Die Knoblauchzehe abziehen und hacken. Alle vorbereiteten Zutaten in eine Schüssel geben. Das Olivenöl und den Zitronensaft zufügen, mit Salz und Pfeffer würzen und den Salat gut durchmischen.

Feta-Creme: Den Feta mit einer Gabel zerdrücken und mit dem Joghurt, dem Limettensaft und dem Cayennepfeffer vermischen. Mit Salz und Pfeffer würzen.

Anrichten: Die Wraps mit etwas Feta-Creme bestreichen. Darauf das gezupfte Lammfleisch und den Petersilien-Salat verteilen. Die Wraps aufrollen, schräg halbieren und mit Holzspießen feststecken.

AFRIKANISCHES BOBOTIE IM GLAS

Für 4 Personen – Sous-Vide-Garzeit: Lammschulter 1 Std. bei 70 °C, gesamt: 1 Std. 30 Min.

Für das Bobotie

500 g Lammschulter ohne Knochen
2 Knoblauchzehen
2 EL Mango-Chutney
2 EL Rosinen
2 EL Mandelblättchen
2 TL Currypulver
3 Eier
Salz
frisch gemahlener schwarzer Pfeffer
50 ml Vollmilch
frisch geriebene Muskatnuss
1 reife Banane
4 Lorbeerblätter
4 Einmachgläser (à 500 ml Fassungsvermögen) mit Deckel und Gummiring

Zum Anrichten

1 Fladenbrot

Bobotie: Die Lammschulter parieren, in Stücke schneiden und durch die grobe Scheibe des Fleischwolfs drehen. Den Knoblauch abziehen und würfeln. Das Hackfleisch mit dem Mango-Chutney, den Rosinen, den Mandelblättchen, dem Knoblauch, dem Currypulver und einem Ei mischen. Die Boboti-Masse mit Salz und Pfeffer kräftig würzen.

Das Wasserbad auf 70 °C vorheizen. Die Boboti-Masse in die Einmachgläser verteilen. Die restlichen Eier (2) mit der Milch verquirlen und mit Salz und Muskatnuss würzen. Die Banane schälen und in Scheiben schneiden. Die Eimischung und die Bananenscheiben auf dem Hackfleisch verteilen. Je ein Lorbeerblatt daraufgeben, den Deckel mit Gummiring aufsetzen und gut verschließen, in Folienbeutel füllen, vakuumieren und 1 Stunde im Wasserbad garen.

Anrichten: Die Gläser geöffnet mit dünnem Fladenbrot servieren.

TIPP

Für eine kleinere Vorspeisenvariante die Bobotie-Masse in acht kleine Gläser (à 250 ml Fassungsvermögen) füllen und nur 40 Minuten im Wasserbad garen.

LAMMCURRY »ALL IN«

Für 4 Personen – Sous-Vide-Garzeit: Lammschulter 8 Std. bei 65 °C, gesamt: 8 Std. 15 Min.

Für das Curry

1 Lammschulter ohne Knochen (etwa 1200 g)
2 Zwiebeln
2 Knoblauchzehen
2 EL Olivenöl
20 g frischer Ingwer
1 Chilischote
250 g gegarte Kichererbsen (Konserve)
2 TL gemahlene Kurkuma
2 TL Garam Masala (indische Gewürzmischung)
2 EL Tomatenmark
250 ml Lammfond (Glas)

Für die Paprika

1 gelbe Paprikaschote
1 rote Paprikaschote
1 grüne Paprikaschote
30 g Butter
Salz
frisch gemahlener schwarzer Pfeffer

Zum Anrichten

1 Bund Koriander, Blätter abgezupft
300 g Naturjoghurt (3,5 % Fettgehalt)

Curry: Das Wasserbad auf 65 °C vorheizen. Die Lammschulter parieren und in Würfel mit einer Kantenlänge von 3 cm schneiden. Die Zwiebeln abziehen und in Würfel schneiden, den Knoblauch abziehen und hacken. Das Olivenöl in einem großen Bräter bei mittlerer Temperatur erhitzen und die Fleischwürfel darin 5 Minuten anbraten. Die Zwiebeln und den Knoblauch zugeben und ebenfalls 2 Minuten anschwitzen. Den Ingwer schälen und raspeln, die Chilischote entkernen und hacken. Das angebratene Fleisch mit dem Ingwer, der Chilischote, den Kichererbsen, der Kurkuma, dem Garam Masala, dem Tomatenmark und dem Fond in einen Folienbeutel füllen, vakuumieren und 8 Stunden im Wasserbad garen. Anschließend den Inhalt des Vakuumbeutels in einen Topf umfüllen und warmhalten.

Paprika: Die Paprikaschoten waschen, putzen, entkernen und das Fruchtfleisch würfeln. In einer Pfanne die Butter erhitzen und die Paprikawürfel darin anbraten. Die Paprikawürfel mit Salz und Pfeffer würzen.

Vor dem Servieren die Paprikawürfel zum Lammcurry in den Topf geben und alles zusammen aufkochen. Mit Salz und Pfeffer abschmecken.

Anrichten: Das Lammcurry auf vorgewärmte tiefe Teller verteilen und mit den Korianderblättern reichlich garnieren. Den Joghurt in einem separaten Schälchen dazu reichen.

LAMMRÜCKEN MIT PANCETTA, TOMATEN, KAPERN UND STAUDENSELLERIE

Für 4 Personen – Sous-Vide-Garzeit: Lammrücken 35 Min. bei 58 °C, gesamt: 1 Std.

Für den Lammrücken

800 g Lammlachse (ausgelöster Lammrücken)
30 g Butter
1 Zweig Rosmarin
½ TL Kubeben-Pfeffer, gemörsert
12 Scheiben Pancetta
1 TL grobes Meersalz

Für das Selleriegemüse

1 Staudensellerie
250 g Kirschtomaten
1 Knoblauchzehe
4 EL Olivenöl
2 EL Kapern
1 TL Zucker
Salz
frisch gemahlener schwarzer Pfeffer

Lammrücken: Das Wasserbad auf 58 °C vorheizen. Den Lammrücken parieren und mit der Butter, dem Rosmarin und dem Kubeben-Pfeffer in einen Folienbeutel füllen, vakuumieren und 2 Stunden im Wasserbad garen. Den Backofen auf 200°C Ober-/Unterhitze (180 °C Umluft) vorheizen. Die Pancettascheiben auf einem mit Backpapier ausgelegten Backblech nebeneinander ausbreiten und etwa 15 Minuten goldbraun und knusprig rösten. Die Pancettascheiben abkühlen lassen und mit dem groben Meersalz im Standmixer zerkleinern. Das Pancetta-Salz dann auf einer flachen Platte ausstreuen. Das Fleisch aus dem Vakuumbeutel nehmen und die Kräuter entfernen. Das Fleisch gut abtropfen lassen, im Pancetta-Salz wenden und warmhalten. Vor dem Servieren den Lammrücken in Scheiben schneiden.

Selleriegemüse: Den Staudensellerie in die einzelnen Stangen zerteilen, waschen, die Fäden ziehen und die Stangen würfeln. Die Sellerieblätter als Garnitur beiseitelegen. Die Kirschtomaten waschen und halbieren. Den Knoblauch abziehen und würfeln. Das Olivenöl in einer Pfanne erhitzen und den Staudensellerie und den Knoblauch darin anschwitzen. Die Kirschtomaten und die Kapern zugeben und mit dem Zucker, Salz und Pfeffer würzen. Das Selleriegemüse dann 2–3 Minuten garen.

Anrichten: Das Selleriegemüse auf den vorgewärmten Tellern anrichten. Das Fleisch darauflegen und mit gezupften Sellerieblättern garnieren.

TOSCANA
2013

LAMM IN MINZJOGHURT MIT SUMACH-KAROTTEN

Für 4 Personen – Sous-Vide-Garzeit: Karotten 45 Min. bei 85 °C, Lammlachse 30 Min. bei 58 °C, gesamt: 1 Std. 35 Min. (+ 12 Std. marinieren)

Für das Lamm
4 Lammlachse
150 g Naturjoghurt (3,5 % Fettgehalt)
2 TL loser Minztee

Für die Sumach-Karotten
1 Bund junge Karotten
2 TL Sumach
20 ml Olivenöl
100 ml Gemüsefond (Glas)

Für den Couscous
200 ml Gemüsebrühe (Glas)
200 g Instant-Couscous
Salz
frisch gemahlener schwarzer Pfeffer
3 EL Olivenöl
3 EL gehackte Kräuter (z. B. Minze, Petersilie, Kerbel, Thymian, Schnittlauch)

Lamm: Die Lammlachse mit dem Joghurt und dem Minztee in einen Folienbeutel füllen, vakuumieren und 12 Stunden marinieren. Das Wasserbad auf 58 °C vorheizen. Das vakuumierte Fleisch 30 Minuten im Wasserbad garen. Anschließend das Fleisch aus dem Vakuum nehmen und mit dem Bunsenbrenner abflämmen (oder in einer heißen Pfanne von jeder Seite kurz scharf anbraten). Die Lammlachs warmstellen und vor dem Servieren portionieren.

Sumach-Karotten: Das Wasserbad auf 85 °C vorheizen. Die Karotten waschen, schälen und längs halbieren. Zusammen mit dem Sumach, dem Olivenöl und dem Fond in einen Folienbeutel füllen, vakuumieren und 45 Minuten im Wasserbad garen. Den Vakuumbeutel dann beiseitelegen. Vor dem Servieren den Inhalt in einer Pfanne erhitzen.

Couscous: Die Gemüsebrühe aufkochen. Den Couscous in eine Schüssel geben, mit der heißen Brühe übergießen und 5 Minuten (bzw. entsprechend der Packungsanweisung) abgedeckt ziehen lassen. Anschließend den Couscous mit einer Gabel auflockern, mit Salz und Pfeffer würzen und das Olivenöl und die Kräuter untermischen.

Anrichten: Die Lammlachse mit dem Couscous und den Karotten auf vorgewärmte Teller anrichten.

TIPP

Der »Lammlachs« ist der ausgelöste Kernmuskel (langer Rückenstrecker) des Lammrückens. Er ist größer und heller als das ähnlich geformte, benachbarte Filet und vergleichbar mager, seine Struktur ist jedoch faseriger und trockener.

KOM

LAMM-KÜRBIS-ROULADEN AUF GEBRATENEM SPITZKOHL

Für 4 Personen – Sous-Vide-Garzeit: Lammrouladen 45 Min. bei 58 °C, gesamt: 1 Std. 10 Min.

Für die Rouladen

4 Steaks aus der Lammhüfte (à 180 g)
200 g Hokkaido-Kürbis
40 g Butter
½ TL gemahlener Zimt
50 g Pinienkerne
1 EL Creme fraîche
Salz
frisch gemahlener schwarzer Pfeffer

Für die Sauce

500 ml Lammfond (Glas)
100 ml trockener Weißwein
1 Zweig Rosmarin
1 EL flüssiger Honig
Salz
frisch gemahlener schwarzer Pfeffer
50 g kalte Butterwürfel

Für den Spitzkohl

2 kleine Spitzkohlköpfe
3 EL Olivenöl
1 TL Kreuzkümmelsamen, gemörsert
½ Zitrone
Salz

Rouladen: Das Wasserbad auf 58 °C vorheizen. Die Steaks mit einem Fleischmesser in der Mitte flach aufschneiden, dabei aber nicht durchschneiden. Das Fleisch aufklappen, mit Frischhaltefolie belegen und flachklopfen. Den Kürbis grob raspeln. Die Hälfte der Butter in einer Pfanne erhitzen und den Kürbis darin 2–3 Minuten anbraten, mit dem Zimt würzen. Die Pinienkerne in einer beschichteten Pfanne ohne Öl rösten und hacken. Anschießend zusammen mit der Creme fraîche unter den Kürbis rühren und mit Salz und Pfeffer würzen. Die Masse auf die Fleischscheiben verteilen. Dann die Scheiben zu Rouladen aufrollen, mit Frischhaltefolie umwickeln und die Enden fest zusammendrehen. Diese Rollen in einen Folienbeutel füllen, vakuumieren und 45 Minuten im Wasserbad garen. Anschließend aus dem Beutel nehmen und die Frischhaltefolie entfernen. Die Rouladen mit Salz und Pfeffer würzen. Die restliche Butter (20 g) in einer Pfanne erhitzen, die Rouladen darin von allen Seiten anbraten und warmhalten. Vor dem Servieren schräg aufschneiden.

Sauce: Den Lammfond mit dem Weißwein, dem Rosmarin und dem Honig aufkochen und 10 Minuten leicht köcheln lassen, mit Salz und Pfeffer würzen. Durch ein Sieb gießen und nochmals erhitzen. Die kalte Butter in die heiße Sauce rühren.

Spitzkohl: Den Kohl putzen, waschen und in 2 cm dicke Scheiben schneiden. Das Olivenöl in einer Pfanne erhitzen und den Kohl anbraten. Mit dem Kümmel, einem Spritzer Zitronensaft und Salz würzen.

Anrichten: Den Spitzkohl auf die vorgewärmten Teller verteilen und die aufgeschnittenen Rouladen darauf anrichten. Die Sauce um das Fleisch träufeln.

LAMMHACKBÄLLCHEN MIT VANILLE, OLIVEN UND RISONI

Für 4 Personen – Sous-Vide-Garzeit: Lammhackbällchen 30 Min. bei 72 °C, gesamt: 40 Min.

Für die Lammhackbällchen
1 Knoblauchzehe
1 Zweig Oregano
600 g Lammhackfleisch
1 Ei
2 EL Semmelbrösel
1 TL Salz
2 Prisen frisch gemahlener schwarzer Pfeffer
50 ml Olivenöl
1 Vanilleschote
100 g entsteinte Kalamata-Oliven

Für die Risoni
2 Schalotten
1 EL Olivenöl
250 g Risoni
50 ml Weißweinessig
650 ml Gemüsefond (Glas)
2 EL Creme fraîche
2 EL Schnittlauchröllchen
Salz
frisch gemahlener schwarzer Pfeffer

Lammhackbällchen: Das Wasserbad auf 72 °C vorheizen. Den Knoblauch abziehen und hacken. Den Oregano waschen, trocknen und die Blätter abzupfen. Die Blättchen hacken. Das Lammhackfleisch mit dem Knoblauch, dem Oregano, dem Ei, den Semmelbröseln, dem Salz und dem Pfeffer zu einem homogenen Fleischteig verkneten. Aus dem Fleischteig kleine Bällchen formen. In einer Pfanne 1 EL Olivenöl erhitzen und die Fleischbällchen darin portionsweise von allen Seiten anbraten. Die Lammhackbällchen zusammen mit dem restlichen Olivenöl (etwa 35 ml), der halbierten Vanilleschote und den Oliven in einen Folienbeutel füllen, vakuumieren und 30 Minuten im Wasserbad garen. Vor dem Servieren den Inhalt des Vakuumbeutels in eine vorgewärmte Schale umfüllen.

Risoni: Die Schalotten abziehen und fein würfeln. Das Olivenöl in einer Pfanne erhitzen und die Schalotten darin anschwitzen. Die Risoni zugeben, ebenfalls kurz anschwitzen und mit dem Weißwein ablöschen. Den Gemüsefond aufgießen und dann leise köchelnd etwa 15–18 Minuten unter gelegentlichem Umrühren garen. Abschließend die Creme fraîche und den Schnittlauch unterrühren und die Risoni mit Salz und Pfeffer würzig abschmecken.

Anrichten: Die Risoni auf vorgewärmte tiefe Teller verteilen. Die Lammbällchen mit den Oliven und etwas Olivenöl darauf verteilen. Mit grob gemahlenem Pfeffer bestreut servieren.

TANDOORI-LAMMLACHSE AUF SPINAT-CREME UND KNOBLAUCHTOMATEN

Für 4 Personen – Sous-Vide-Garzeit: Lammlachse und Kirschtomaten 30 Min. bei 54 °C, gesamt: 40 Min.

Für die Tandoori-Lammlachse
100 g Naturjoghurt (3,5 % Fettgehalt)
1 TL edelsüßes Paprikapulver
1 TL rosenscharfes Paprikapulver
1 TL flüssiger Honig
2 EL Sojasauce
4 Lammlachse (à 200 g)

Für die Knoblauchtomaten
500 g Kirschtomaten
3 Knoblauchzehen
2 EL Rohrohrzucker
1 EL Weißweinessig
3 EL Olivenöl

Für die Spinat-Creme
200 g junger Blattspinat
250 g Schmand
Saft von ½ Zitrone
1 TL Salz
frisch gemahlener schwarzer Pfeffer

Zum Anrichten
Fleur de Sel
Mini-Basilikum oder Basilikum-Kresse, geputzt

Tandoori-Lammlachse: Das Wasserbad auf 54 °C vorheizen. Den Joghurt mit den Gewürzen, dem Honig und der Sojasauce glatt rühren. Die Lammlachse zusammen mit der Joghurtmischung in einen Folienbeutel füllen, vakuumieren und 30 Minuten im Wasserbad garen. Anschließend die Lammlachse aus dem Vakuumbeutel nehmen und gut abtropfen lassen. Vor dem Servieren das Fleisch mit einem Küchenbunsenbrenner kurz abflämmen und leicht schräg in Stücke schneiden.

Knoblauchtomaten: Das Wasserbad auf 54 °C vorheizen. Die Haut der Kirschtomaten kreuzweise einritzen, in kochendem Wasser kurz blanchieren und in Eiswasser abschrecken. Die Haut der Tomaten abziehen. Die Knoblauchzehen abziehen und halbieren. Die gehäuteten Tomaten mit den Knoblauchzehen, dem Zucker, dem Essig und dem Olivenöl in einen Folienbeutel füllen, vakuumieren und 30 Minuten im Wasserbad garen. Vor dem Servieren aus dem Vakuumbeutel nehmen.

Spinat-Creme: Den Spinat waschen, putzen und trocknen. Anschließend die Spinatblätter mit dem Schmand, dem Zitronensaft und dem Salz in einem Standmixer fein pürieren und mit etwas Pfeffer würzen.

Anrichten: Die Tandoori-Lammlachse auf die vorgewärmten Teller legen und mit Fleur de Sel würzen. Die Spinat-Creme und die Knoblauchtomaten daneben anrichten. Mit den Basilikumblättchen garnieren.

MAROKKANISCHER LAMMTOPF MIT SAFRANREIS

Für 4 Personen – Sous-Vide-Garzeit: Lammschulter 14 Std. bei 68 °C, gesamt: 14 Std. 15 Min.

Für den Marokkanischen Lammtopf

800 g Lammschulter ohne Knochen
2 EL Olivenöl
2 Zwiebeln
2 grüne Chilischoten
1 TL Koriandersamen, gemörsert
1 TL Kreuzkümmelsamen, gemörsert
1 TL gemahlene Kurkuma
1 EL flüssiger Honig
300 g Strauchtomaten
2 Zweige Rosmarin
Salz
50 ml Gemüsefond (oder Lammfond); Glas
50 g schwarze Oliven, entsteint
frisch gemahlener schwarzer Pfeffer

Für den Safranreis

2 Knoblauchzehen
20 g frischer Ingwer
2 EL Olivenöl
15 Safranfäden
2 Kardamomkapseln
2 Gewürznelken
200 g Basmatireis
½ TL Salz
50 g Rosinen

Marokkanischen Lammtopf: Das Wasserbad auf 68 °C vorheizen. Die Lammschulter parieren und das Fleisch in 5 cm große Stücke schneiden. Das Olivenöl in einer Pfanne erhitzen und die Fleischwürfel darin kurz anbraten. Die Zwiebel abziehen und würfeln, die Chilischoten entkernen und in Ringe schneiden. Die Zwiebeln, die Chiliringe, die Gewürze und den Honig zum Fleisch geben und 2–3 Minuten mitbraten. Den Pfanneninhalt in einen Folienbeutel umfüllen. Die Tomaten waschen, trocknen und in Würfel schneiden. Die Tomaten zusammen mit dem Rosmarin, 1 TL Salz und dem Fond ebenfalls in den Folienbeutel füllen, vakuumieren und 14 Stunden im Wasserbad garen. Den Inhalt des Vakuumbeutels dann in einen Topf umfüllen, dabei den Rosmarin entfernen. Die Oliven zugeben und untermischen. Mit Salz und Pfeffer abschmecken.

Safranreis: Den Knoblauch abziehen und hacken, den Ingwer schälen und grob reiben. Das Olivenöl in einem Topf erhitzen und die Safranfäden, den Knoblauch, den Ingwer und die Gewürze darin anrösten. Den Basmatireis zugeben und mit 300 ml Wasser aufgießen. Das Salz und die Rosinen zugeben und abgedeckt bei geringer Temperatur etwa 10 Minuten garen. Anschließend vom Herd ziehen und abgedeckt 10 Minuten ausquellen lassen. Den Kardamom und die Gewürznelken vor dem Servieren entfernen.

Anrichten: Den Safranreis auf die vorgewärmten Teller verteilen und den Lammtopf daneben anrichten.

LAMMSTELZEN IN ROSMARIN, KNOBLAUCH UND ROTWEIN, MIT PETERSILIENWURZEL-CREME UND RUCOLA-WALNUSS-PESTO

Für 4 Personen – Sous-Vide-Garzeit: Lammstelzen 24 Std. bei 65 °C, Petersilienwurzeln 2 Std. 80 °C, gesamt: 26 Std. 20 Min.

Für die Lammstelzen

200 ml junger, trockener Rotwein (z. B. Beaujolais)
4 Lammstelzen (vom Hinterbein)
Salz
½ Knoblauchzehe
2 Zweige Rosmarin
20 g Butter
50 g kalte Butterwürfel

Für die Petersilienwurzel-Creme

800 g Petersilienwurzeln
50 g Butter
100 ml Vollmilch
Salz
frisch gemahlener schwarzer Pfeffer
Saft von ¼ Zitrone
1 Bund glatte Petersilie
Rauchsalzflocken
frisch geriebene Muskatnuss

Für das Rucola-Walnuss-Pesto

50 g Walnusskerne
1 Bund Rucola (etwa 75 g)
Salz
100 ml Olivenöl
30 g Pecorino, frisch gerieben
frisch gemahlener schwarzer Pfeffer

Lammstelzen: Das Wasserbad auf 65 °C erwärmen. Den Rotwein kurz aufkochen und beiseitestellen. Die Knochenenden der Lammstelzen mit Backpapier umwickeln. Die Lammstelzen leicht salzen. Den Knoblauch abziehen und leicht andrücken. Das Fleisch mit dem Rosmarin, dem Knoblauch, der Butter und dem Wein in einen Folienbeutel füllen, vakuumieren und 24 Stunden im Wasserbad garen. Anschließend das vakuumierte Fleisch abkühlen lassen. Das Fleisch aus dem Vakuumbeutel nehmen und dabei den Sud auffangen. Das Backpapier entfernen und die Lammstelzen warmstellen. Den Sud durch ein Sieb in einen Topf gießen. Die Sauce aufkochen und mit der gewürfelten Butter montieren.

Petersilienwurzel-Creme: Das Wasserbad auf 65 °C erwärmen. Die Petersilienwurzeln putzen, waschen, schälen und in Stücke schneiden. Die Gemüsestücke mit der Butter und der Milch in einen Folienbeutel füllen, vakuumieren und 2 Stunden im Wasserbad garen. Anschließend den Inhalt des Vakuumbeutels in einen Standmixer füllen und die Petersilienwurzeln mit dem Sud fein pürieren. Die Hälfte des Pürees abnehmen, mit Salz, Pfeffer und einem Spritzer Zitronensaft würzen und warmstellen. Die Petersilie waschen, trockenschütteln und die Blätter abzupfen. Das restliche Petersilienwurzelpüree mit der Petersilie nochmals fein pürieren. Mit Räuchersalz und Muskatnuss würzen.

Rucola-Walnuss-Pesto: Die Walnusskerne in einer Pfanne ohne Fett rösten, abkühlen lassen und fein hacken. Den Rucola waschen, trockentupfen und fein hacken. Den Rucola und die Walnusskernen mit einem ½ TL Salz, dem Olivenöl und dem Pecorino vermischen und mit Salz und Pfeffer würzen.

Anrichten: Die beiden Creme-Varianten dekorativ auf den vorgewärmten Tellern verstreichen. Eine Lammstelze darauflegen und mit der Sauce sowie dem Pesto beträufeln.

GEGRILLTE LAMMKEBAP MIT CURRYHIRSE UND SCHARFEN INGWER-TOMATEN

Für 4 Personen – Sous-Vide-Garzeit: Lammhüfte 30 Min. bei 56 °C, gesamt: 1 Std. 15 Min.

Für die Lammkebap
700 g Lammhüfte
2 EL Olivenöl
1 TL geräuchertes Paprikapulver
1 TL brauner Zucker
Salz
8 Bambusspieße

Für die Curryhirse
200 g Goldhirse
1 TL Currypulver
2 Schalotten
20 g Butter
50 g Pinienkerne
1 Bund glatte Petersilie
Salz
frisch gemahlener schwarzer Pfeffer

Für die Ingwer-Tomaten
2 große Strauchtomaten
50 g frischer Ingwer
1 rote Chilischote
1 rote Zwiebel
50 ml Olivenöl
Saft von 1 Limette
Salz

Lammkebap: Das Wasserbad auf 56 °C vorheizen. Die Lammhüfte in dünne Scheiben schneiden. Die Scheiben dicht aneinander auf die Spieße stecken. Das Olivenöl mit dem Paprikapulver und dem Zucker verrühren und das Fleisch damit einpinseln. Die Enden der Spieße mit Backpapier umwickeln. Die Spieße in einen Folienbeutel geben, vakuumieren und 30 Minuten im Wasserbad garen. Den Grill auf direkte starke Hitze (etwa 300 °C) vorheizen. Die Lammspieße aus dem Vakuumbeutel nehmen. Das Backpapier entfernen und das Fleisch gut abtropfen lassen. Die Spieße auf dem Grill von allen Seiten kurz grillen und anschließend mit Salz würzen.

Curryhirse: Die Hirse in einem Sieb gründlich unter kaltem Wasser abspülen und abtropfen lassen, dann mit 400 ml Wasser und dem Currypulver aufkochen. Abgedeckt bei geringer Temperatur etwa 15–20 Minuten garen. Anschließend abkühlen lassen und mit einer Gabel auflockern. Die Schalotten abziehen und fein würfeln. Die Butter in einer Pfanne aufschäumen und die Schalotten und die grob gehackten Pinienkerne goldbraun anbraten. Die Hirse zugeben und darin erwärmen. Die Petersilie waschen, trocknen und fein hacken. Die Curryhirse mit Salz und Pfeffer würzen und die Petersilie unterrühren.

Ingwer-Tomaten: Die Tomaten waschen, den Stielansatz herausschneiden und die Tomaten auf einer scharfen Reibe grob raspeln. Mit einem Löffel die Schale vom Ingwer schaben und diesen dann grob raspeln. Die Chilischote waschen, entkernen und hacken. Die Zwiebel abziehen und würfeln. Die Tomaten, den Ingwer, die Chilischote und die Zwiebel in eine Schüssel geben und mit dem Olivenöl, dem Limettensaft und etwas Salz mischen.

Anrichten: Die Curryhirse mit den Ingwer-Tomaten auf den vorgewärmten Tellern verteilen und die Spieße darauflegen.

TIPP

Spitze Teile von Knochen oder Holzspießen können beim Vakuumieren die Folienbeutel durchstoßen. Am besten immer mit etwas Backpapier umwickeln.

LAMMKEULE IN OLIVENÖL GEGART MIT KNOBLAUCHPÜREE UND GRÜNEM SPARGEL

Für 4 Personen – Sous-Vide-Garzeit: Knoblauch 1 Std. bei 85 °C, Lammkeule 12 Std. bei 68 °C, gesamt: 13 Std. 30 Min.

Für die Lammkeule

1 Lammkeule ohne Knochen (etwa 800 g)
Salz
150 ml Olivenöl
Schale von ½ unbehandelten Zitrone
1 Zimtstange
2 EL Butter
Salz
frisch gemahlener schwarzer Pfeffer

Für das Knoblauchpüree

100 g Knoblauchzehen
50 g Butter
150 ml Vollmilch
800 g mehligkochende Kartoffeln
½ TL Salz
frisch geriebene Muskatnuss

Für den Spargel

2 Bund grüner Spargel
30 g Butter
Saft von 1 Orange
1 EL flüssiger Honig
Salz
frisch gemahlener schwarzer Pfeffer

Lammkeule: Das Wasserbad auf 68 °C vorheizen. Die Lammkeule leicht salzen und mit dem Olivenöl, einem Stück Zitronenschale und der in Stücke gebrochenen Zimtstange in einen Folienbeutel füllen, vakuumieren und 12 Stunden im Wasserbad garen. Den Vakuumbeutel dann zum Abkühlen beiseitelegen. Die vakuumierte Lammkeule vor der Weiterverwendung 30 Minuten im Wasserbad (68 °C) regenerieren. Anschließend das Fleisch aus dem Vakuumbeutel nehmen und die Zitronenschale und die Zimtstange entfernen. Das Fleisch gut abtropfen lassen. Die Butter in einer Pfanne aufschäumen und die Lammkeule rundherum anbraten. Das Fleisch mit Salz und Pfeffer würzen, portionieren und bis zum Servieren warmhalten.

Knoblauchpüree: Das Wasserbad auf 85 °C vorheizen. Den Knoblauch abziehen und mit der Butter und der Milch in einen Folienbeutel füllen, vakuumieren und 1 Stunde im Wasserbad garen. Anschließend abkühlen lassen. Die geschälten Kartoffeln würfeln, in einen Dämpfeinsatz geben und in 30–40 Minuten weichdämpfen. Den vakuumierten Knoblauch im Wasserbad (85 °C) 15 Minuten regenerieren und anschließend in einem Standmixer sehr fein pürieren. Die Kartoffeln etwas abdampfen lassen und dann zweimal durch eine Kartoffelpresse drücken. Den pürierten Knoblauch untermischen und mit Salz und Muskat würzen.

Spargel: Den Spargel im unteren Drittel schälen, alle holzigen Anteile entfernen und die Enden anschneiden. Die Stangen dritteln. Die Butter in einer Pfanne erhitzen und den Spargel anbraten. Mit dem Orangensaft ablöschen und mit dem Honig, Salz und Pfeffer würzen. Den Spargel in 2–3 Minuten bissfest garen.

Anrichten: Das Knoblauchpüree und den Spargel auf die vorgewärmten Teller verteilen. Das Fleisch darauflegen und mit dem Orangen-Spargel-Sud beträufeln.

LAMM-ĆEVAPČIĆI MIT KÜRBIS UND AJVAR-CREME

Für 4 Personen – Sous-Vide-Garzeit: Kürbis 30 Min. bei 85 °C, Lammspieße 30 Min. bei 70 °C, gesamt: 1 Std. 20 Min.

Für den Kürbis
600 g Muskatkürbis
20 ml Olivenöl
200 ml Gemüsebrühe (Glas)
1 TL Rohrohrzucker
Schale von ¼ unbehandelten Zitrone
1 EL grobkörniger Dijonsenf
1 TL Salz

Für die Ćevapčići
1 Zwiebel
1 Knoblauchzehe
400 g Lammhackfleisch
400 g Rinderhackfleisch
1 TL Pimentón de la Vera (geräuchertes Paprikapulver)
Salz
frisch gemahlener schwarzer Pfeffer
20 ml Olivenöl
Holzspieße

Für das Petersilienöl
1 Bund glatte Petersilie
50 ml Rapsöl

Für die Ajvar-Creme
100 g Sauerrahm
3 EL scharfes Ajvar
1–2 TL flüssiger Honig
Salz
frisch gemahlener schwarzer Pfeffer

Kürbis: Das Wasserbad auf 85 °C temperieren. Den Kürbis schälen und entkernen. Das Fruchtfleisch in Würfel mit 1 cm Kantenlänge schneiden. Die Würfel mit dem Olivenöl, der Gemüsebrühe, dem Zucker, der Zitronenschale, dem Senf und dem Salz in einen Folienbeutel füllen, vakuumieren und 30 Minuten im Wasserbad garen. Den Inhalt des Vakuumbeutels in eine vorgewärmte Schale umfüllen.

Ćevapčići: Das Wasserbad auf 70 °C vorheizen. Die Zwiebel abziehen und fein würfeln, den Knoblauch abziehen und fein hacken. Das Lammhackfleisch mit dem Rinderhackfleisch, der Zwiebel, dem Knoblauch und dem Paprikapulver in eine Schüssel geben und kräftig mit Salz und Pfeffer würzen. Die Masse kräftig zu einem homogenen Fleischteig durchkneten. Daraus etwa 2 × 5 cm lange Rollen formen und diese auf Holzspieße stecken. Die Ćevapčić nebeneinander in einen Folienbeutel legen, das Olivenöl dazufüllen, vakuumieren und 30 Minuten im Wasserbad garen. Den Grill auf direkte starke Hitze (250–300 °C) vorheizen. Die Ćevapčić kurz von beiden Seiten grillen. Alternativ eine Grillpfanne verwenden.

Petersilienöl: Die Petersilie waschen, trockentupfen und die Blätter abzupfen. Die Blätter einige Sekunden in kochendem Wasser blanchieren, abkühlen lassen und gut ausdrücken. Zusammen mit dem Öl in einen Standmixer füllen und fein pürieren.

Ajvar-Creme: Den Sauerrahm mit dem Ajvar, dem Honig und etwas Salz und Pfeffer verrühren.

Anrichten: Die Ćevapčići-Spieße auf die vorgewärmten Teller verteilen und mit dem Petersilienöl bestreichen. Daneben das Kürbisgemüse anrichten. Die Ajvar-Creme in separaten Schalen dazu servieren.

TIPP

Vor dem Vakuumieren der Cevapcici-Spieße die Enden der Holzspieße mit etwas Backpapier umwickeln, damit diese die Wand des Folienbeutels nicht durchstoßen.

SALZWIESENLAMM MIT SAN-MARZANO-LIEBSTÖCKEL-TOMATEN-VINAIGRETTE

VON BOBBY BRÄUER

Für 4 Personen – Sous-Vide-Garzeit: Salzwiesenlamm 12 Min. bei 70 °C, gesamt: 1 Std. 25 Min.

Für das Salzwiesenlamm

1 TL Fenchelsaat
1 TL Koriandersamen
1 TL Sezuan-Pfefferkörner
1 TL Akaziensamen
4 Tranchen Lammrücken (à 120 g)
Salz
1 EL Olivenöl

Für die Tomatenvinaigrette

2 Tomaten (Sorte San Marzano)
1 Stange junger Lauch
2 Blätter Liebstöckel
2 EL Olivenöl
1 Spritzer tomatig-fruchtiges Tomami
1 TL Tomatenessig
Salz
Zucker
frisch geschroteter schwarzer Pfeffer (alternativ frisch gemahlener schwarzer Pfeffer)

TIPP VON BOBBY BRÄUER

Normalerweise wird Fleisch erst nach dem Sous-Vide garen angebraten. Ich kehre diesen Vorgang allerdings gerne um. Auf diese Weise dringen die Röstaromen in das Fleisch und werden beim Sous-Vide-Vorgang nochmals verstärkt.

Salzwiesenlamm: Die Fenchelsaat, die Koriandersamen, den Sezuan-Pfeffer und die Akaziensamen in einer beschichteten Pfanne rösten, fein mörsern und eine Gewürzmischung herstellen. Den Lammrücken parieren und salzen. Anschließend mit der Gewürzmischung bestreuen. Das Olivenöl in einer beschichteten Pfanne erhitzen und die Lammtranchen darin bei mittlerer Temperatur beidseitig kurz anbraten. Anschließend aus der Pfanne nehmen und etwa 10 Minuten abkühlen lassen.

Das Wasserbad auf 70 °C vorheizen. Die Lammrückenteile einzeln in Folienbeutel füllen, vakuumieren und 10–12 Minuten im Wasserbad garen. Die Beutel herausnehmen und 3–4 Minuten im Warmen ruhen lassen. Dann die Lammrücken aus den Vakuumbeuteln nehmen, jeweils in drei längliche Streifen schneiden und auf dem Teller anrichten.

Tomatenvinaigrette: Die Haut der Tomaten am Blütenansatz kreuzweise einritzen. Die Tomaten dann in einem Sieb mit kochendem Wasser überbrühen und mit kaltem Wasser abschrecken. Die Haut abziehen, das Fruchtfleisch in feine Würfel schneiden und diese in eine Schüssel geben. Den Lauch putzen und waschen. Die Liebstöckelblätter und den Lauch in feine Streifen schneiden und zu den Tomatenwürfeln geben. Das Olivenöl, das Tomami und den Essig zufügen und alles gut verrühren. Die Tomatenvinaigrette mit Salz, Zucker und Pfeffer abschmecken.

Anrichten: Die Lammrückenstreifen auf den vorgewärmten Tellern anrichten und die Tomatenvinaigrette angießen.

SCHWEIN

CROSTINI MIT RADIESCHEN-RICOTTA UND SCHWEINEBÄCKCHEN

Für 4 Personen – Sous-Vide-Garzeit: (Schweinebäckchen 9 Std. bei 65 °C, s. S. 162), gesamt: 35 Min.

Für die Schweinebäckchen
½ Rezept Schweinebäckchen (Rezept Seite 162)

Für die Crostini
½ Sauerteig-Baguette vom Vortag
4 EL Olivenöl

Für den Radieschen-Ricotta
200 g Ricotta
Saft von ½ Zitrone
½ TL edelsüßes Paprikapulver
1 TL flüssiger Honig
Salz
frisch gemahlener schwarzer Pfeffer
2 Bund Bio-Radieschen mit schönem Grün
3 EL Olivenöl

Zum Anrichten
Fleur de Sel

Schweinebäckchen: Das Wasserbad auf 65 °C erwärmen. Die vakuumierten Schweinebäckchen 30 Minuten darin regenerieren. Die Bäckchen aus dem Vakuumbeutel nehmen, abtropfen lassen und in dünne Scheiben schneiden. Dabei den Sud auffangen und für eine anderweitige Verwendung aufbewahren.

Crostini: Den Backofen auf 200 °C Ober-/Unterhitze (180 °C Umluft) vorheizen. Das Baguette in dünne Scheiben schneiden, auf ein Backblech legen und mit Olivenöl bestreichen. Im vorgeheizten Backofen etwa 5 Minuten knusprig backen und danach abkühlen lassen.

Radieschen-Ricotta: Den Ricotta mit dem Zitronensaft, dem Paprikapulver und dem Honig verrühren. Mit Salz und Pfeffer würzen. Die Radieschen putzen und waschen. Das Radieschengrün hacken und mit Olivenöl verrühren. Die Radieschen würfeln und unter den Ricotta mischen.

Anrichten: Den Ricotta auf den Crostini verteilen, mit Schweinebäckchen-Scheiben belegen und mit Fleur de Sel bestreuen. Das Radieschenblätteröl darüberträufeln.

SPICY PORK BITES

Für 4 Personen – Sous-Vide-Garzeit: Schweinenacken 6 Std. bei 65 °C, gesamt: 6 Std. 15 Min.

Für die Spicy Pork Bites
600 g Schweinenacken
2 EL flüssiger Honig
50 ml Sojasauce
1 TL Chiliflocken
2 EL geröstetes Sesamöl
6 Stängel Koriander
1 EL weiße Sesamsaat

Spicy Pork Bites: Das Wasserbad auf 65 °C vorheizen. Den Schweinenacken in Würfel mit 2 cm Kantenlänge schneiden. Die Fleischwürfel mit dem Honig, der Sojasauce, den Chiliflocken und dem Sesamöl in einen Folienbeutel füllen, vakuumieren und 6 Stunden im Wasserbad garen. Das Fleisch aus dem Vakuumbeutel nehmen und dabei den Sud auffangen. Die Fleischwürfel beiseitestellen. Den Sud in einer großen Pfanne sirupartig einkochen lassen und anschließend die Fleischwürfel damit glasieren.

Den Koriander waschen, trockentupfen und die Blätter abzupfen. Die Sesamsaat und die Korianderblätter unter das Fleisch mischen.

Anrichten: Die Spicy Pork Bites auf einer Platte anrichten und mit kleinen Holzspießen zum Aufspießen servieren.

TERRINE VOM SCHWEINENACKEN

Für 4 Personen – Sous-Vide-Garzeit: (Schweinenacken 4 Std. bei 60 °C, s. S. 152), gesamt: 30 Min. (+ über Nacht kühlen)

Für den Schweinenacken

500 g gegarter Schweinenacken (Rezept Seite 152)
1 Zwiebel
150 ml Garsud vom Schweinenacken (Rezept Seite 152)
2 EL Apfelessig
6 getrocknete Tomatenfilets (in Öl)
6 Stängel glatte Petersilie
1 EL kleine Kapern
Salz
frisch gemahlener schwarzer Pfeffer

Zum Anrichten

4 Scheiben Krustenbrot
Butter zum Bestreichen
4 Blätter Kopfsalat

Schweinenacken: Den Schweinenacken würfeln. Die Zwiebel abziehen und würfeln. Die Fleischwürfel zusammen mit den Zwiebelwürfeln, dem Garsud und dem Essig in einen Topf geben und aufkochen. Die Flüssigkeit 5 Minuten offen einkochen. Die Tomatenfilets fein hacken. Die Petersilie waschen, trocknen und die Blätter abzupfen. Die Blätter fein hacken. Anschließend die Tomaten, die Petersilie und die Kapern unter die Fleischwürfel mischen und mit Salz und Pfeffer würzen und gut mischen. Eine Terrinenform passender Größe mit Frischhaltefolie auskleiden und die Masse einfüllen. Die Form abgedeckt über Nacht durchkühlen und fest werden lassen. Vor dem Servieren die Terrine aus der Form lösen und in Scheiben schneiden.

Anrichten: Die Brotscheiben mit Butter bestreichen und jeweils ein Salatblatt darauflegen. Die Terrinenscheiben darauf anrichten und mit Salz und Pfeffer bestreut servieren.

PORCHETTA-SALAT MIT RADIESCHEN

Für 4 Personen – Sous-Vide-Garzeit: (Schweinebauch 36 Std. bei 68 °C s. S. 166), gesamt: 20 Min.

Für den Porchetta-Salat mit Radieschen

50 g Mandelstifte
2 Bund Bio-Radieschen mit schönem Grün
4 getrocknete Aprikosen
2 Schalotten
3 EL Weißweinessig
1 TL flüssiger Honig
3 EL Olivenöl
Salz
frisch gemahlener schwarzer Pfeffer

Zum Anrichten

½ gegarter Schweinebauch (Rezept Seite 166)

Porchetta-Salat mit Radieschen: Die Mandelstifte in einer beschichteten Pfanne ohne Fett goldbraun rösten. Die Radieschen waschen, putzen und in dünne Scheiben schneiden. Die Blätter verlesen und hacken. Die Aprikosen hacken. Die Schalotten abziehen und würfeln. Die Radieschenblätter, die Aprikosen, die Schalotten, den Weißweinessig, den Honig und das Olivenöl verrühren und mit Salz und Pfeffer abschmecken.

Anrichten: Das Porchetta in dünne Scheiben schneiden und auf einer großen Platte auslegen. Die Radieschenscheiben darüber verteilen. Die Aprikosen-Vinaigrette darüberträufeln und mit den Mandelstiften bestreut servieren.

GEGRILLTE CHORIZO MIT CANTALOUPE-MELONE, CHAMPIGNONS UND RUCOLA

Für 4 Personen – Sous-Vide-Garzeit: Melonen und Champignons 15 Min. bei 65 °C, gesamt: 40 Min.

Für die Melone
1 Cantaloupe-Melone
30 ml weißer Portwein
Saft von ½ Zitrone
2 Zweige Zitronenthymian

Für die Champignons
200 g kleine rosé Champignons
2 EL Weißweinessig
2 EL Olivenöl
2 Prisen Zucker

Für die Chorizo
2 kurze dicke Chorizowürste

Zum Anrichten
grob gemahlener schwarzer Pfeffer
100 g junger Rucola, geputzt

Melone: Das Wasserbad auf 65 °C vorheizen. Die Melone halbieren, entkernen und das Fruchtfleisch mit einem Kugelausstecher ausstechen. Die Melonenkugeln mit dem Portwein, dem Zitronensaft und dem Zitronenthymian in einen Folienbeutel füllen, vakuumieren und 15 Minuten im Wasserbad garen. Anschließend den Vakuumbeutel auskühlen lassen. Vor dem Servieren in eine Schale umfüllen.

Champignons: Das Wasserbad auf 65 °C vorheizen. Die Champignons putzen und mit dem Essig, dem Olivenöl und dem Zucker in einen Folienbeutel füllen, vakuumieren und 15 Minuten im Wasserbad garen. Anschließend den Vakuumbeutel auskühlen lassen. Vor dem Servieren in eine Schale umfüllen.

Chorizo: Den Grill auf direkte Hitze (250 °C) vorheizen. Die Chorizo in 2 cm dicke Scheiben schneiden und auf dem Grill etwa 1 Minute von jeder Seite grillen. (Alternativ in einer Grillpfanne bei hoher Temperatur braten.)

Anrichten: Die Melonenkugeln, Champignons und die heiße Chorizo auf vorgewärmten Tellern anrichten. Mit grob gemahlenem Pfeffer und Rucola bestreut servieren.

ALBONDIGAS IN TOMATENSUGO

Für 4 Personen – Sous-Vide-Garzeit: Hackbällchen 30 Min. bei 72 °C, gesamt: 50 Min.

Für den Sugo
300 g Kirschtomaten
2 Zweige Rosmarin
4 Zweige Thymian
1 Dose stückige Tomaten
2 TL Zucker
1 TL Salz
frisch gemahlener schwarzer Pfeffer

Für die Albondigas
1 Zwiebel
1 Knoblauchzehe
2 EL Olivenöl
1 TL getrockneter Oregano
500 g Schweinehackfleisch
1 TL mittelscharfer Senf
2 EL Semmelbrösel
1 TL edelsüßes Paprikapulver
Salz
frisch gemahlener schwarzer Pfeffer

Zum Anrichten
6 Stängel glatte Petersilie, gehackt
8 Scheiben Baguette

Sugo: Die Kirschtomaten waschen und halbieren. Den Rosmarin und den Thymian waschen, trocknen und die Blätter abzupfen. Die Rosmarinnadeln und die Thymianblättchen fein hacken. Die Kirschtomaten, die Kräuter und die stückigen Tomaten in einer Schüssel vermischen und mit dem Zucker, dem Salz und Pfeffer würzen.

Albondigas: Das Wasserbad auf 72 °C vorheizen. Die Zwiebel abziehen und würfeln. Den Knoblauch abziehen und hacken. Das Olivenöl in einer Pfanne erhitzen und die Zwiebel, den Knoblauch und den Oregano darin anschwitzen. Das Hackfleisch in eine Schüssel füllen und den Pfanneninhalt dazugeben. Anschließend den Senf, die Semmelbrösel, das Paprikapulver, Salz und Pfeffer zufügen und alles zu einem homogenen Fleischteig vermischen. Aus dem Fleischteig kleine Bällchen formen. Die Fleischbällchen zusammen mit dem Sugo (s. o.) in einen Folienbeutel füllen, vakuumieren und 30 Minuten im Wasserbad garen. Anschließend den Inhalt des Vakuumbeutels in eine vorgewärmte Schale umfüllen.

Anrichten: Die Hackbällchen mit dem Sugo auf vorgewärmte Teller verteilen und mit der Petersilie garnieren. Zusammen mit dem Baguette servieren.

SANDWICH VON DER GEPÖKELTEN HAXE MIT FETA, RADICCHIO UND MELONE

Für 4 Personen – Sous-Vide-Garzeit: Haxe 12 Std. bei 68 °C, gesamt: 12 Std. 20 Min.

Für die gepökelte Haxe

1 gepökelte Schweinehaxe ohne Knochen
1 Lorbeerblatt
2 Pimentkörner
100 ml Fleischfond (Schwein oder Kalb)

Für das Sandwich

150 g Feta
1 Radicchio
½ Cantaloupe-Melone
8 Scheiben dunkles Krustenbrot
Salz
frisch gemahlener schwarzer Pfeffer
2–3 cm frische Meerrettichwurzel

Gepökelte Haxe: Das Wasserbad auf 68 °C vorheizen. Die Schweinehaxe mit den Gewürzen und dem Fond in einen Folienbeutel füllen, vakuumieren und 12 Stunden im Wasserbad garen. Danach die Haxe aus dem Vakuumbeutel nehmen und abtropfen lassen. Die Schwarte und das Fett vom Fleisch entfernen und das Fleisch mithilfe von zwei Gabeln zerzupfen.

Sandwich: Den Feta abtropfen lassen und zerbröckeln. Den Radicchio putzen, waschen und in Streifen schneiden. Die Melone halbieren, die Schale entfernen, entkernen und das Fruchtfleisch in dünne Scheiben schneiden. Vier Brotscheiben mit Radicchio, Melone, Fleisch und Feta belegen. Mit Salz und Pfeffer würzen. Frisch geriebenen Meerrettich darüberstreuen und mit den übrigen Brotscheiben belegen.

Anrichten: Die Sandwiches halbieren und mit etwas Salat und Melone garnieren.

SCHINKEN MIT SENFKRUSTE

Für 6–8 Personen – Sous-Vide-Garzeit: Schweineschinken 12 Std. bei 65 °C, gesamt: 13 Std. 15 Min. (+ über Nacht einlegen)

Für den Schinken

Salz
1200 g Schweinebraten (aus dem Schinken)
1 TL Tellicherry-Pfeffer, gemörsert
4 EL grober Dijonsenf
3 EL Olivenöl

Schinken: Für die Herstellung einer siebenprozentigen Salzlake 35 g Salz in 500 ml Wasser auflösen. Den Schinken zusammen mit der Salzlake in einen Folienbeutel füllen, vakuumieren und 24 Stunden marinieren. Anschließend den Schinken aus dem Vakuumbeutel nehmen und 1 Stunde wässern, dabei einmal das Wasser erneuern.

Das Wasserbad auf 65 °C vorheizen. Den Schinken mit dem Pfeffer würzen und mit dem Senf bestreichen. Das Fleisch zusammen mit dem Öl in einen Folienbeutel füllen, vakuumieren und 12 Stunden im Wasserbad garen. Den Schinken aus dem Vakuumbeutel nehmen, gut abtropfen lassen und mit einem Küchenbunsenbrenner rundum abflämmen.

Anrichten: Das Fleisch warm oder kalt in Scheiben schneiden und mit Brot und Salat servieren.

TIPP

Ein klassisches Weihnachtsessen in Schweden! Falls eine Abwechslung zum klassischen Gänsebraten gesucht wird …

RISOTTO MIT GEBRATENEM GRÜNEM SPARGEL UND SALSICCIA

Für 4 Personen – Sous-Vide-Garzeit: Risotto 65 Min. bei 85 °C, gesamt: 1 Std. 10 Min.

Für den Risotto

2 Schalotten
230 g Risottoreis (z. B. Arborio)
20 g Butter
50 ml trockener Weißwein
1 l Gemüsefond
2 EL Creme fraîche
30 g Parmesan, frisch gerieben
Salz
frisch gemahlener schwarzer Pfeffer

Für die Salsiccia

2 Salsicce di finocchio (ital. Fenchelbratwurst)
1 Bund grüner Spargel
2 Schalotten
2 EL Olivenöl 1 Bund glatte Petersilie
Salz
frisch gemahlener schwarzer Pfeffer

Zum Anrichten

frisch gehobelter Parmesan

Risotto: Das Wasserbad auf 85 °C vorheizen. Die Schalotten abziehen und in feine Würfel schneiden. Den Risottoreis mit den Schalotten, der Butter, dem Wein, und dem Gemüsefond in einen Folienbeutel füllen, vakuumieren und 65 Minuten im Wasserbad garen. Anschließend aus dem Wasserbad nehmen und im Vakuum 10 Minuten im Warmen ruhen lassen. Den Inhalt des Vakuumbeutels in eine vorgewärmte Schüssel leeren und die Creme fraîche und den Parmesan unter den Risotto mischen. Vor dem Servieren mit Salz und Pfeffer würzig abschmecken.

Salsiccia: Die Salsicce in Stücke schneiden. Den grünen Spargel putzen und schräg in 3 cm lange Stücke schneiden. Die Schalotten abziehen und fein würfeln. Eine Pfanne erhitzen und die Salsicce darin knusprig braten. Die Spargelstücke, die Schalottenwürfel und das Olivenöl zugeben und zusammen etwa 3 Minuten braten. Die Petersilie waschen, trocknen und fein hacken. Anschließend die Petersilie unterrühren und mit Salz und Pfeffer würzen.

Anrichten: Den Risotto auf die vorgewärmten tiefen Teller verteilen und die Salsiccia-Spargel-Mischung darübergeben. Mit frisch gehobeltem Parmesan bestreut servieren.

GEGRILLTE RIPPCHEN MIT CURRY RUB UND HEIDELBEER-KETCHUP

Für 4 Personen – Sous-Vide-Garzeit: Schweinerippchen 24 Std. bei 62 °C, gesamt: 24 Std. 30 Min. (+ über Nacht marinieren)

Für die Schweinerippchen

1 TL gemahlene Kurkuma
1 TL Koriandersamen
½ TL Bockshornkleesaat
½ TL gemahlener Ingwer
1 TL Chiliflocken
2 Gewürznelken
1 TL edelsüß Paprikapulver
2 TL Salz
2 TL Zucker
1,5 kg Schweinerippchen

Für den Heidelbeer-Ketchup

3 Zwiebeln
2 Knoblauchzehen
20 g frischer Ingwer
20 ml Olivenöl
300 g Heidelbeeren (TK), aufgetaut
500 g stückige Tomaten
1 EL brauner Zucker
2 EL Rotweinessig
Salz
frisch gemahlener schwarzer Pfeffer

Schweinerippchen: Für den Rub die Kurkuma, die Koriandersamen, die Bockshornkleesaat, den Ingwer, die Chiliflocken, die Gewürznelken und das Paprikapulver in einer Pfanne ohne Fett anrösten, bis die Mischung zu duften beginnt. Die Würzmischung abkühlen lassen und in einem Mörser zerstoßen. Das Salz und den Zucker zugeben und gut vermischen. Die Rippchen mit dem Rub einreiben, anschließend in einen Folienbeutel geben, vakuumieren und über Nacht marinieren. Das Wasserbad auf 62 °C vorheizen und die vakuumierten Rippchen 24 Stunden darin garen. Den Grill auf direkte starke Hitze (etwa 250 °C) vorheizen. Die Rippchen aus dem Vakuumbeutel nehmen, gut abtropfen lassen und von jeder Seite 5–8 Minuten knusprig grillen.

Heidelbeer-Ketchup: Die Zwiebeln und den Knoblauch abziehen und würfeln. Den Ingwer schälen und klein scheiden. Das Olivenöl in einem Topf erhitzen und die Zwiebeln, den Knoblauch und den Ingwer darin anschwitzen. Die übrigen Zutaten zugeben, aufkochen und bei mittlerer Temperatur 1 Stunde offen köcheln lassen. Den Topfinhalt in einen Standmixer umfüllen, fein pürieren und nach Belieben durch ein Sieb passieren. Den Ketchup dann erneut aufkochen und unter gelegentlichem Rühren dickflüssig einkochen. Abschließend mit Salz und Pfeffer abschmecken und abkühlen lassen.

Anrichten: Die Rippchen auf die Teller verteilen und den Ketchup in einem Schälchen dazustellen.

TIPP

Als Beilage eignen sich hervorragend Backofenpommes oder roh gebratene Süßkartoffeln.

SCHWEINENACKEN IN DUNKLEM WEISSBIER GEGART MIT RADICCHIO TREVISO UND CHILI-ZWETSCHGEN

Für 4 Personen – Sous-Vide-Garzeit: Schweinenacken 4 Std. bei 60 °C, gesamt: 4 Std. 20 Min.

Für den Schweinenacken

1 kg Schweinenacken
250 ml dunkles Weißbier
1 Zimtstange
1 Schote Langer Pfeffer, gemörsert

Für die Chili-Zwetschgen

16 Zwetschgen
1 Chilischote
2 EL flüssiger Honig
50 ml Sojasauce
2 Prisen Salz

Für den Radicchio Treviso

4 Treviso
20 g Butter
1 TL brauner Zucker
Salz
frisch gemahlener schwarzer Pfeffer

Zum Anrichten

2 EL Schnittlauchröllchen

Schweinenacken: Das Wasserbad auf 60 °C vorheizen. Das Fleisch in Würfel mit einer Kantenlänge von 5 cm schneiden. Die Fleischwürfel mit dem Weißbier, der zerbrochenen Zimtstange und dem Pfeffer in einen Folienbeutel füllen, vakuumieren und 4 Stunden im Wasserbad garen. Das Fleisch aus dem Vakuumbeutel nehmen, abtropfen lassen und dabei den Sud auffangen. Das Fleisch bis zur Weiterverwendung warmstellen. Den Sud anschließend dickflüssig einkochen lassen.

Chili-Zwetschgen: Das Wasserbad auf 60 °C vorheizen. Die Zwetschgen waschen, halbieren, entsteinen. Die Chilischote entkernen und in Ringe schneiden. Die Zwetschgenhälften mit der Chilischote, dem Honig, der Sojasauce und dem Salz in einen Folienbeutel füllen, vakuumieren und 30 Minuten im Wasserbad garen. Den Vakuumbeutel zum Abkühlen beiseitelegen.

Radicchio Treviso: Den Treviso putzen, waschen und längs halbieren. In einer Pfanne die Butter aufschäumen lassen und die Salathälften darin anbraten. Mit dem Zucker, Salz und Pfeffer würzen und leicht karamellisieren lassen.

Anrichten: Die Fleischstücke in der Sauce wenden und auf den vorgewärmten Tellern anrichten. Je zwei Trevisohälften und einige Zwetschgen mit etwas Kochsud dazulegen. Mit dem Schnittlauch garnieren.

PULLED PORK MIT WHITE-BBQ-SAUCE UND ROTKOHL-SLAW

Für 4 Personen – Sous-Vide-Garzeit: Schweineschulter 12 Std. bei 68 °C, gesamt: 12 Std. 20 Min.

Für das Pulled Pork
200 ml Apfelessig
1 Gemüsezwiebel
1 Schweineschulter ohne Knochen (etwa 1200 g)
2 TL Senfkörner
1 Lorbeerblatt
2 TL Salz

Für den Rotkohl-Slaw
½ Rotkohl
½ TL Salz
3 EL Aceto balsamico
1 EL flüssiger Honig

Für die White-BBQ-Sauce
200 g Mayonnaise
2 TL Apfelessig
2 TL Whisky
1 EL feiner Dijonsenf
1 EL flüssiger Honig
1 Knoblauchzehe
2 TL Sriracha-Sauce
1 TL Rauchsalzflocken
frisch gemahlener schwarzer Pfeffer
Rauchöl (z. B. Liquid Smoke)

Für das Brot
1 große Focaccia

Zum Anrichten
3 EL Schnittlauchröllchen

Pulled Pork: Das Wasserbad auf 68 °C vorheizen. Den Apfelessig mit 200 ml Wasser mischen. Die Gemüsezwiebel abziehen und in Streifen schneiden. Die Schweineschulter mit dem verdünnten Essig, den Zwiebelstreifen und den übrigen Zutaten in einen Folienbeutel füllen, vakuumieren und 12 Stunden im Wasserbad garen. Anschließend das Fleisch aus dem Vakuumbeutel nehmen und dabei den Sud auffangen. Das Fleisch beiseitestellen. Den Sud in einem Topf aufkochen und auf die Hälfte reduzieren. Das Lorbeerblatt entfernen. Das Fleisch mit zwei Gabeln zerzupfen und mit dem Sud mischen.

Rotkohl-Slaw: Die äußeren Blätter vom Rotkohl entfernen und den Strunk herausschneiden. Den Rotkohl in feine Streifen hobeln. Die Rotkohlstreifen mit den übrigen Zutaten in einen Folienbeutel füllen, vakuumieren und 2 Stunden marinieren. Anschließend den Rotkohl-Slaw in eine Schale geben.

White-BBQ-Sauce: Die Mayonnaise, den Essig, den Whisky, den Senf, den Honig, den gehackten Knoblauch, die Sriracha-Sauce und die Rauchsalzflocken verrühren und mit Pfeffer und Liquid Smoke abschmecken. Die White-BBQ-Sauce in ein verschließbares Gefäß umfüllen und kalt stellen.

Brot: Die Focaccia vierteln und aufschneiden. Den Grill auf direkte Hitze (etwa 200 °C) vorheizen und die Focacciaviertel kurz aufbacken. Alternativ eine Grillpfanne oder den Backofen (200 °C Grillfunktion) verwenden.

Anrichten: Auf die untere Brothälfte etwas Rotkohl-Slaw legen und das Pulled Pork darauf anrichten. Etwas White-BBQ-Sauce und Schnittlauchröllchen darauf verteilen und mit der oberen Brothälfte abdecken.

SCHWEINERÜCKEN IN KAFFEEBUTTER MIT GRAPEFRUIT-PORTULAK-SALAT UND GEGRILLTEN PORTOBELLO-PILZEN

Für 4 Personen – Sous-Vide-Garzeit: Schweinerücken 2 Std. bei 58 °C, gesamt: 2 Std. 15 Min.

Für den Schweinerücken

700 g Schweinerücken ohne Knochen
Salz
1 EL Kaffeebohnen, gemörsert
50 g Butter
½ TL Tellicherry-Pfeffer, gemörsert

Für den Grapefruit-Portulak-Salat

2 Grapefruits
1 Schalotte
1 TL flüssiger Honig
3 EL Olivenöl
Salz
frisch gemahlener schwarzer Pfeffer
150 g Portulak (alternativ Feldsalat)

Für die Portobello-Pilze

4 Portobello-Pilze (Riesenchampignons)
1 EL Olivenöl
Salz
frisch gemahlener schwarzer Pfeffer

Schweinerücken: Das Wasserbad auf 58 °C vorheizen. Das Fleisch leicht salzen, mit den restlichen Zutaten in einen Folienbeutel füllen, vakuumieren und 2 Stunden im Wasserbad garen. Danach aus dem Vakuumbeutel nehmen und abtropfen lassen. Den Sud aus dem Beutel auffangen und beiseitestellen. Den Grill auf direkte starke Hitze (220–250 °C) vorheizen. Den Schweinerücken rundum kurz grillen. Das Fleisch in Scheiben schneiden, salzen und bis zum Servieren warmhalten.

Grapefruit-Portulak-Salat: Die Grapefruit so schälen, dass auch die weißen Schalenanteile entfernt sind. Das Fruchtfleisch zwischen den Trennwänden herausschneiden. Den abtropfenden Saft auffangen und die Fruchtfleischreste auspressen. Die Schalotte abziehen und würfeln. Den Grapefruitsaft mit dem Honig und den Schalottenwürfeln in einem Topf zur Hälfte einkochen und anschließend zum Abkühlen beiseitestellen. Das Olivenöl unter den kalten Sud rühren und mit Salz und Pfeffer würzen. Den Portulak waschen, abtropfen lassen und verlesen. Die Grapefruitfilets und den Portulak in eine Schüssel geben und das Dressing darübergießen. Den Salat vermischen.

Portobello-Pilze: Den Grill auf direkte starke Hitze (220–250 °C) vorheizen. Die Pilze abreiben, die Stiele herausdrehen. Die Pilze mit Olivenöl einstreichen und mit Salz und Pfeffer würzen. 2–3 Minuten von jeder Seite goldbraun grillen.

Anrichten: Die Pilzköpfe mit der Höhlung nach oben auf die vorgewärmten Teller legen und den Salat darin anrichten. Die Fleischscheiben danebenlegen und mit der Kaffeebutter beträufeln.

SCHWEINEFILET MIT ASIA-RUB, GLASNUDEL-SALAT UND MINI-SESAM-AUBERGINEN

Für 4 Personen – Sous-Vide-Garzeit: Schweinefilet 1 Std. bei 58 °C, gesamt: 4 Std. 15 Min.

Für das Schweinefilet

2 TL Five-Spice-Gewürzmischung (erhältlich im Asia-Laden)
Salz
2 TL Zucker
1–2 Schweinefilets (etwa 700 g)
20 g Butter
frisch gemahlener schwarzer Pfeffer

Für die Sesam-Auberginen

10 Mini-Auberginen (Perlina)
Salz
2 TL flüssiger Honig
2 EL geröstetes Sesamöl
2 TL weiße Sesamsaat

Für den Glasnudelsalat

100 g Glasnudeln
8 Shiitake-Pilze
75 g Zuckerschoten
1 Karotte
1 rote Zwiebel
2 EL geröstetes Sesamöl
2 EL Austernsauce
3 EL Sweet Chili Sauce
Saft von 1 Limette
Salz

Zum Anrichten

6 Stängel Koriander, Blätter abgezupft

Schweinefilet: Die Gewürzmischung mit 1 TL Salz und dem Zucker mischen und das Fleisch damit gleichmäßig einreiben. Das Filet in einen Folienbeutel geben, vakuumieren und 3 Stunden marinieren. Das Wasserbad auf 58 °C vorheizen und das vakuumierte Schweinefilet 1 Stunde darin garen. Das Filet aus dem Vakuumbeutel nehmen und gut abtropfen lassen. In einer Pfanne die Butter aufschäumen lassen und das Filet darin rundum anbraten. Anschließend das Fleisch in Scheiben schneiden und mit Salz und Pfeffer würzen.

Sesam-Auberginen: Den Backofen auf 180 °C Ober-/Unterhitze (160 °C Umluft) vorheizen. Die Auberginen waschen, längs halbieren und das Fruchtfleisch rautenförmig einritzen. Die Auberginenhälften mit der Schnittfläche nach oben in eine Auflaufform legen, salzen und mit Honig und Sesamöl beträufeln. Die Sesamsamen darüberstreuen und 30 Minuten im Ofen backen.

Glasnudelsalat: Die Glasnudeln in einer Schüssel mit kochendem Wasser übergießen und 5 Minuten ziehen lassen. Die Pilze mit einem trockenen Tuch säubern, die Stiele abschneiden und die Pilze in feine Streifen schneiden. Die Zuckerschoten ebenfalls in feine Streifen schneiden. Die Karotte waschen, schälen und mit dem Sparschäler in dünne Streifen schneiden. Die Zwiebel abziehen und würfeln. Das Sesamöl in einer Pfanne erhitzen und die Zwiebelwürfel darin glasig dünsten. Die Pilz- und Gemüsestreifen zugeben und kurz mitbraten. Alles mit der Austernsauce, der Sweet Chili Sauce und dem Limettensaft ablöschen und salzen. Die Glasnudeln abgießen, abtropfen lassen und mit den gebratenen Gemüsestreifen in einer Schüssel mischen.

Anrichten: Den Glasnudelsalat auf die vorgewärmten Teller verteilen. Die Auberginen und das Schweinefilet dazulegen und mit den Korianderblättchen garnieren.

SCHWEINENACKEN-STEAKS FÜR DEN GRILL MIT AUBERGINEN-PAPRIKA-PASSATA

Für 4 Personen – Sous-Vide-Garzeit: Schweinenacken 2 Std. bei 58 °C, gesamt: 2 Std. 15 Min. (+ über Nacht marinieren)

Für die Steaks

4 Steaks vom Schweinenacken (à 200 g)
3 Stängel Currykraut
Schale von ½ unbehandelten Zitrone
30 ml Olivenöl
Salz
frisch gemahlener schwarzer Pfeffer

Für die Auberginen-Paprika-Passata

2 Auberginen
3 rote Paprikaschoten
1 Zwiebel
1 Knoblauchzehe
100 ml Olivenöl
1 TL getrockneter Oregano
Salz
frisch gemahlener schwarzer Pfeffer

Steaks: Die Steaks mit dem Currykraut, der abgeschnittenen Zitronenschale und dem Olivenöl in einen Folienbeutel füllen, vakuumieren und über Nacht marinieren. Das Wasserbad auf 58 °C vorheizen. Die vakuumierten Steaks 2 Stunden im Wasserbad garen. Den Grill auf direkte starke Hitze (etwas 250 °C) vorheizen. Die Steaks aus dem Vakuumbeutel nehmen, gut abtropfen lassen und auf dem Grill von jeder Seite 2 Minuten knusprig grillen. Vor dem Servieren mit Salz und Pfeffer würzen

Auberginen-Paprika-Passata: Die Auberginen und die Paprikaschoten waschen, putzen und würfeln. Die Zwiebel abziehen und ebenfalls würfeln. Den Knoblauch abziehen und fein hacken. Die Gemüsewürfel, die Zwiebel und den Knoblauch zusammen mit dem Olivenöl und dem Oregano in einer Auflaufform mischen. Mit Salz und Pfeffer würzen und abgedeckt auf dem Grill bei indirekter Hitze (160–180 °C) alternativ im Backofen (180 °C Ober-/Unterhitze oder 160 °C Umluft) 1 Stunde schmoren. Das geschmorte Gemüse anschließend nicht zu fein pürieren und würzig abschmecken.

Anrichten: Die Steaks auf die Teller verteilen und mit der Auberginen-Paprika-Passata servieren.

TIPP

Als Beilage eignet sich ein Blattsalat mit einem fruchtigen Dressing zum Beispiel mit Himbeeressig.

GEKRÄUTERTE SCHWEINEBÄCKCHEN AUF SÜSSKARTOFFELTOAST MIT TAMARINDENSAUCE

Für 4 Personen – Sous-Vide-Garzeit: Schweinebäckchen 9 Std. bei 65 °C, gesamt: 9 Std. 30 Min.

Für die Schweinebäckchen

20 g frischer Ingwer
8 Schweinebäckchen (etwa 800 g)
½ TL Szechuanpfeffer, gemörsert
1 Msp. Chiliflocken
1 Knoblauchzehe, angedrückt
40 g Butter
2 TL Tamarindenpaste
Saft von ½ Limette
Salz
frisch gemahlener schwarzer Pfeffer
1 Bund glatte Petersilie
3 EL Schnittlauchröllchen

Für den Süßkartoffeltoast

2 Bio-Süßkartoffeln

Zum Anrichten

Fleur de Sel
Olivenöl
1 Schale Rucola, geputzt

Schweinebäckchen: Das Wasserbad auf 65 °C vorheizen. Den Ingwer schälen und in Scheiben schneiden. Die Schweinebäckchen mit dem Szechuanpfeffer, dem Ingwer, den Chiliflocken, dem Knoblauch und der Butter in einen Folienbeutel füllen, vakuumieren und 9 Stunden im Wasserbad garen. Das Fleisch aus dem Vakuumbeutel nehmen, dabei den Sud auffangen. Das Fleisch abgedeckt warmstellen. Den Sud durch ein Sieb in einen Topf passieren und mit der Tamarindenpaste und dem Limettensaft sämig einkochen. Mit Salz und Pfeffer würzen. Die Petersilie waschen, trocknen, hacken und mit den Schnittlauchröllchen mischen. Die Bäckchen darin wenden und dann halbieren.

Süßkartoffeltoast: Die Süßkartoffeln waschen, schälen und in 2 cm dicke Scheiben schneiden. Die Kartoffelscheiben in einem Toaster zwei- bis dreimal auf höchster Stufe toasten, bis sie weich und goldbraun sind.

Anrichten: Die Süßkartoffeltoasts auf die Teller legen. Mit Fleur de Sel würzen und mit Olivenöl beträufeln. Das Fleisch darauflegen und die Sauce um das Fleisch träufeln. Mit den Rucolablättern garnieren.

CHIMICHURRI-RIPPCHEN MIT PFIRSICH-SPITZKOHL-SALAT

Für 4 Personen – Sous-Vide-Garzeit: Rippchen 12 Std. bei 65 °C, gesamt: 12 Std. 20 Min.

Für die Chimichurri-Rippchen

1 Bund glatte Petersilie
1 Bund Oregano
1 Knoblauchzehe
½ TL Chiliflocken
75 ml Olivenöl
50 ml Rotweinessig
1,5 kg Schweinerippchen (in Stücke mit je 5 Rippenknochen)
Salz
frisch gemahlener schwarzer Pfeffer

Für den Pfirsich-Spitzkohl-Salat

1 Spitzkohl
3 Pfirsiche
1 Schalotte
1 TL brauner Zucker
3 EL weißer Balsamico
2 EL Olivenöl

Chimichurri-Rippchen: Das Wasserbad auf 65 °C vorheizen. Für das Chimichurri die Kräuter waschen, trockentupfen und die Blätter abzupfen. Den Knoblauch abziehen und hacken. Die abgezupften Blätter mit dem Knoblauch, den Chilifocken, dem Olivenöl und dem Rotweinessig in einem Standmixer nicht ganz fein pürieren (etwa wie ein Pesto). Die Rippchen mit 3 EL der Würzmischung in einen Folienbeutel füllen, vakuumieren und 12 Stunden im Wasserbad garen. Anschließend die Schweinerippchen aus dem Vakuumbeutel nehmen und etwas abtropfen lassen.

Den Grill auf direkte starke Hitze (etwa 250 °C) vorheizen. Die Rippchen auf dem Grill von beiden Seiten 3–5 Minuten knusprig grillen. Vor dem Servieren die Rippchen mit dem restlichen Chimichurri bestreichen und mit Salz und Pfeffer würzen.

Pfirsich-Spitzkohl-Salat: Den Spitzkohl waschen, halbieren und den Strunk herausschneiden. Die Spitzkohlhälften in dünne Streifen schneiden und in eine große Schüssel geben. Die Pfirsiche waschen, halbieren und entkernen. Anschließend in dünne Streifen schneiden. Die Schalotte häuten und ebenfalls in dünne Streifen schneiden. Die Pfirsiche und die Schalotte zum Spitzkohl geben und vermischen. Den Spitzkohl zusammen mit dem Zucker, dem Balsamico und dem Olivenöl in einen Folienbeutel füllen, vakuumieren und 45 Minuten marinieren. Den Salat mit der Marinade aus dem Vakuumbeutel in eine Schüssel umfüllen.

Anrichten: Den Salat auf den Tellern anrichten und die Rippchen darauf verteilen.

CRUNCHY PORCHETTA

Für 6 Personen – Sous-Vide-Garzeit: Schweinebauch 36 Std. bei 68 °C, gesamt: 59 Std. 30 Min.

Für den Schweinebauch

1,5 kg Schweinebauch mit Schwarte
Salz
2 Zweige Oregano
4 Zweige Thymian
1 Zweig Rosmarin
5 Stängel Petersilie
2 Knoblauchzehen
30 ml Olivenöl
frisch gemahlener schwarzer Pfeffer

Zum Anrichten

Olivenöl

Schweinebauch: Die Schwarte des Schweinebauchs mit einem sehr scharfen Messer einschneiden. 25 g Salz in 500 ml Wasser auflösen. Den Schweinebauch mit der Salzlake in einen Folienbeutel geben, vakuumieren und 12 Stunden kühl lagern. Das Fleisch anschließend aus dem Vakuumbeutel nehmen und 1 Stunde kalt wässern. Dabei das Wasser einmal wechseln.

Das Wasserbad auf 68 °C vorheizen. Die Kräuter waschen, trocknen und die Blätter abzupfen. Anschließend fein hacken und vermischen. Die Knoblauchzehen häuten und halbieren. Den Schweinebauch abtropfen lassen und mit der Kräutermischung bestreuen. Das Fleisch aufrollen und mit Küchengarn in einer runden Form binden. Die Fleischrolle mit dem Knoblauch und dem Olivenöl in einen Folienbeutel geben, vakuumieren und 36 Stunden im Wasserbad garen. Anschließend das Fleisch aus dem Vakuumbeutel nehmen und gut abtropfen lassen. Das Küchengarn entfernen.

Den Backofen auf 220 °C Ober-/Unterhitze (200 °C Umluft) vorheizen. Das Fleisch auf das Ofengitter legen und mit untergestellter Fettpfanne auf der zweiten Schiene von oben 15–20 Minuten knusprig braten. Anschließend das Fleisch in Scheiben schneiden und mit Salz und Pfeffer würzen.

Anrichten: Die Porchettascheiben auf den vorgewärmten Tellern anrichten und mit etwas Olivenöl beträufeln.

TIPP

Als Beilage passen Ofenkartoffeln und ein Tomatensalat. Für eine köstliche Sauce wird der würzige Sud mit etwas Sahne aufgekocht und 5 Minuten offen eingekocht. Anschließend nur noch mit etwas in kaltem Wasser angerührter Speisestärke abbinden.

GUA BAO

Für 4 Personen – Sous-Vide-Garzeit: Schweinebauch 16 Std. bei 65 °C, gesamt: 16 Std. 15 Min.

Für den Schweinebauch

800 g magerer Schweinebauch
1 TL Erdnussöl
1 EL Kandiszucker
2 Sternanise
60 ml Reiswein
75 ml Sojasauce

Für den Gurkensalat

1 Salatgurke
2 Frühlingszwiebeln
1 Knoblauchzehe
20 g frischer Ingwer
1 TL Koriandersamen, gemörsert
2 EL Olivenöl
½ TL Salz
1 TL Rohrohrzucker

Für die Gua-Buns

1 TL Trockenhefe
1 TL Rohrohrzucker
240 g Weizenmehl Type 405
1 EL neutrales Pflanzenöl + etwas zum Einölen
½ TL Salz

Zum Anrichten

Sweet Chili Sauce
2 TL weiße Sesamsaat

Schweinebauch: Das Wasserbad auf 65 °C vorheizen. Den Schweinebauch parieren und in Würfel mit 3 cm Kantenlänge schneiden. Das Erdnussöl in einer Pfanne erhitzen und die Fleischwürfel darin anbraten. Den Kandiszucker zugeben und das Fleisch karamellisieren. Den Pfanneninhalt in einen Folienbeutel füllen und die Sternanise, den Reiswein und die Sojasauce zufügen. Alles zusammen vakuumieren und 16 Stunden im Wasserbad garen. Das Fleisch aus dem Vakuumbeutel in ein Sieb geben, dabei den Sud in einem untergestellten Topf auffangen. Den Sud dickflüssig einkochen lassen. Die Sternanise entfernen. Das Fleisch in der Sauce wenden.

Gurkensalat: Die Salatgurke schälen und in Scheiben hobeln. Die Frühlingszwiebeln putzen und in Ringe schneiden. Den Knoblauch abziehen und hacken. Den Ingwer schälen und fein reiben. Die Gurkenscheiben mit den Frühlingszwiebeln, dem Knoblauch, dem Ingwer, den Koriandersamen, dem Olivenöl, dem Salz und dem Zucker in einen Folienbeutel füllen, vakuumieren und 2 Stunden ziehen lassen.

Gua-Buns: Die Trockenhefe, den Zucker, das Mehl, das Öl und das Salz mit 120 ml lauwarmem Wasser vermischen und zu einem elastischen Teig kneten. In eine leicht geölte Schüssel geben und abgedeckt 30 Minuten gehen lassen. Anschließend den Teig vierteln und zu flachen, etwa 12 cm breiten Fladen ausrollen. Die Fladen zur Hälfte mit einem Stück Backpapier belegen und zu einem Halbmond zusammenklappen.

Die Teigfladen abgedeckt weitere 20 Minuten gehen lassen. Ein Dämpfsieb einölen. In einem Topf passender Größe etwa 2 cm hoch Wasser zum Kochen bringen. Die Buns samt Backpapier mit etwas Abstand nebeneinander in den Dämpfeinsatz legen und abgedeckt über dem kochenden Wasser 15 Minuten dämpfen. Anschließend die Buns aufklappen und das Backpapier entfernen.

Anrichten: Die Buns mit dem Fleisch und dem Gurkensalat füllen. Nach Belieben mit Sweet Chili Sauce beträufeln und mit etwas Sesamsaat bestreut servieren.

DICKE RIPPE VOM GRILL MIT RAUCHSALZ-BUTTER UND 7 KRÄUTER-PESTO

Für 4 Personen – Sous-Vide-Garzeit: Dicke Rippe 12 Std. bei 65 °C, gesamt: 12 Std. 30 Min.

Für die Dicke Rippe

50 g Butter
2 TL Rauchsalzflocken
1,5 kg Dicke Rippe (Brustspitze)

Für das Pesto

1 Bund gemischte Kräuter (Petersilie, Schnittlauch, Gartenkresse, Kerbel, Pimpinelle, Thymian, Sauerampfer)
1 Knoblauchzehe
100 ml Olivenöl
30 g Mandelkerne
30 g Parmesan
Salz
frisch gemahlener schwarzer Pfeffer
1 Spritzer Zitronensaft

Für das Brot

1 Ciabatta
Olivenöl zum Beträufeln

Zum Anrichten

1 Handvoll roter Baby-Mangold, geputzt

Dicke Rippe: Das Wasserbad auf 65 °C vorheizen. Die Butter in einem kleinen Topf schmelzen und die Rauchsalzflocken unterrühren. Die Dicke Rippe in acht Stücke schneiden und gleichmäßig mit der Rauchsalzbutter bestreichen. Die Fleischteile in einen Folienbeutel geben, vakuumieren und 12 Stunden im Wasserbad garen. Den Grill auf direkte starke Hitze (etwa 250 °C) vorheizen. Die Fleischstücke aus dem Vakuumbeutel nehmen, abtropfen lassen und auf dem vorgeheizten Grill von allen Seiten in etwa 5 Minuten knusprig grillen.

Pesto: Die Kräuter waschen, trockenschütteln und die groben Stiele entfernen. Den Knoblauch abziehen und halbieren. Die Kräuter mit dem Knoblauch, dem Olivenöl, den Mandelkernen und dem Parmesan im Standmixer nicht zu fein pürieren. Das Pesto mit Salz, Pfeffer und Zitronensaft abschmecken, in ein verschließbares Gefäß umfüllen und kalt stellen.

Brot: Das Ciabatta in vier Stücke schneiden und diese aufschneiden. Die Schnittflächen mit Olivenöl beträufeln. Den Grill auf direkte Hitze (etwa 200 °C) vorheizen und die Ciabattaviertel kurz aufbacken. Alternativ eine Grillpfanne oder den Backofen (200 °C Grillfunktion) verwenden.

Anrichten: Die Dicke Rippe mit dem Ciabatta, dem Baby-Mangold und dem 7-Kräuter-Pesto auf den Tellern anrichten.

TIPP

Ein klassischer Tomatensalat mit roter Zwiebel und Schnittlauch passt perfekt zur Dicken Rippe.

GEFLÜGEL

SMOKED WHISKY TURKEY, GEGRILLTE APRIKOSEN UND LAUCHSALAT

Für 4 Personen – Sous-Vide-Garzeit: Putenbrust 6 Std. bei 65 °C, gesamt: 6 Std. 45 Min.

Für den Smoked Whisky Turkey

2 TL Rauchsalzflocken
2 TL Rohrohrzucker
2 TL Koriandersamern, gemörsert
1 Putenbrust (etwa 1 kg)
30 ml Whisky
1 Handvoll Räucherchips

Für den Lauchsalat

2 Stangen Lauch
2 EL Erdnussöl
3 EL gesalzene Erdnüsse
Saft von 1 Zitrone
1 TL grobkörniger Dijonsenf
Salz
frisch gemahlener schwarzer Pfeffer
1 Bund Kerbel

Für die Aprikosen

12 Aprikosen
1 EL Honig
6 Zweige Thymian

Smoked Whisky Turkey: Das Wasserbad auf 65 °C vorheizen. Aus dem Rauchsalz, dem Zucker und dem Koriander eine Gewürzmischung herstellen und die Putenbrust damit einreiben. Das Fleisch zusammen mit dem Whisky in einen Folienbeutel füllen, vakuumieren und 6 Stunden im Wasserbad garen. Die Räucherchips etwa 30 Minuten in klarem Wasser einweichen. Den Grill für indirektes Grillen (etwa 150 °C) vorheizen. Die eingeweichten Räucherchips abtropfen lassen und direkt auf die Glut (oder entsprechen der Gebrauchsanweisung in die Räucherbox des Gasgrills) geben. Das Fleisch aus dem Vakuumbeutel nehmen und gut abtropfen lassen. Die Putenbrust auf den Grillrost legen und bei geschlossenem Deckel etwa 30 Minuten räuchern. Das Fleisch warmhalten und vor dem Servieren in Scheiben schneiden.

Lauchsalat: Den Lauch putzen, längs halbieren, gründlich waschen und in schräge, 2 cm lange Stücke schneiden. Das Erdnussöl in einer Pfanne erhitzen und die Lauchstücke darin goldbraun anbraten. Die Erdnüsse grob hacken. Den angebratenen Lauch und die Erdnüsse in eine Schüssel geben und mit dem Zitronensaft, Senf, Salz und Pfeffer marinieren. Den Kerbel waschen, trockentupfen und die Blätter abzupfen. Die Kerbelblätter behutsam untermischen.

Aprikosen: Die Aprikosen waschen, halbieren, entsteinen und mit dem Honig und dem Thymian mischen. In einen Folienbeutel füllen, vakuumieren und 30 Minuten marinieren. Den Grill auf direkte hohe Hitze (etwa 300 °C) vorheizen. Die Aprikosen aus dem Vakuumbeutel nehmen, gut abtropfen lassen und die Kräuter entfernen. Die Hälften mit der Schnittfläche nach unten kurz grillen.

175

Anrichten: Den Lauchsalat auf die Teller verteilen und die Putenbrustscheiben darauf anrichten. Einige Aprikosenhälften mit der Schnittfläche nach oben dazulegen.

TIPP

Sollten Reste vom Putenfleisch übrig bleiben, dann schmecken diese sehr gut als kalter Braten. Einfach auf dunklem Brot mit der White BBQ Sauce von S. 154 servieren.

MARINIERTE DRUMSTICKS MIT SRIRACHA-MAYONNAISE

Für 4 Personen – Sous-Vide-Garzeit: Drumsticks 30 Min. bei 65 °C, gesamt: 1 Std. 10 Min. (+ 12 Std. marinieren)

Für die Drumsticks

2 Knoblauchzehen
100 ml Aceto balsamico
50 g brauner Zucker
50 g flüssiger Honig
50 ml Sojasauce
16 Drumsticks (Hähnchenunterschenkel)

Für die Sriracha-Mayonnaise

2 Eigelb
1 TL mittelscharfer Senf
Saft von ½ Zitrone
200 ml Sonnenblumenöl
Salz
frisch gemahlener schwarzer Pfeffer
3 EL Sriracha-Sauce

Drumsticks: Den Knoblauch abziehen und fein hacken. Den Aceto balsamico mit dem Zucker, dem Honig, der Sojasauce und dem Knoblauch aufkochen. Die Marinade abkühlen lassen. Die Drumsticks mit der Hälfte der Marinade in einen Folienbeutel füllen, dabei auf spitze Knochenteile achten und diese gegebenenfalls entfernen, vakuumieren und 12 Stunden marinieren. Die restliche Marinade kaltstellen. Das Wasserbad auf 65 °C vorheizen. Die vakuumierten Drumsticks 30 Minuten im Wasserbad garen. Den Grill auf 250 °C direkte Hitze vorheizen. Die kaltgestellte Marinade dickflüssig einkochen und abkühlen. Die Drumsticks aus dem Vakuumbeutel nehmen, gut abtropfen lassen und von allen Seiten einige Minuten grillen. Anschließend mit der eingekochten Marinade bestreichen und glasieren.

Sriracha-Mayonnaise: Das Eigelb mit dem Senf und dem Zitronensaft verrühren. Das Sonnenblumenöl tröpfchenweise einrühren und das Ganze zu einer cremigen Mayonnaise aufschlagen. Mit Salz und Pfeffer würzen und die Sriracha-Sauce unterrühren.

Anrichten: Die Drumsticks auf die vorgewärmten Teller legen und die Sriracha-Mayonnaise in separaten Schalen dazu servieren.

STUBENKÜKENBRUST IN ZIMTMARINADE MIT FENCHEL-POMELO-SALAT

Für 4 Personen – Sous-Vide-Garzeit: Stubenküken 30 Min. bei 60 °C, gesamt: 45 Min. (+ 2 Std. marinieren)

Für den Fenchel-Pomelo-Salat

2 Fenchelknollen
½ TL Salz
1 TL Zucker
½ Honig-Pomelo
1 rote Zwiebel
2 EL Olivenöl
frisch gemahlener schwarzer Pfeffer

Für die Stubenkükenbrust

1 EL grobkörniger Dijonsenf
1 EL flüssiger Honig
½ TL gemahlener Zimt
4 Stubenkükenbrüste ohne Haut und Knochen
Salz

Zum Anrichten

2 Schalen Micro Leaves

Fenchel-Pomelo-Salat: Den Fenchel putzen, waschen, halbieren und den Strunk entfernen. Die Hälften in dünne Spalten hobeln. Den Fenchel mit dem Salz und dem Zucker mischen, in einen Folienbeutel füllen, vakuumieren und 2 Stunden marinieren. Anschließend den Inhalt des Vakuumbeutels in eine Schüssel umfüllen. Die Pomelo schälen, das Fruchtfleisch aus den Segmenten lösen und in Stücke zupfen. Die Zwiebel abziehen und in feine Streifen schneiden. Die Pomelo, die Zwiebelstreifen, das Olivenöl und etwas Pfeffer zum Fenchel geben und alles gut vermischen. Den Salat zum Durchziehen beiseitestellen.

Stubenkükenbrust: Das Wasserbad auf 60 °C vorheizen. Den Senf, den Honig und den Zimt verrühren. Die Stubenkükenbrüste trockentupfen, leicht salzen und mit der Marinade bestreichen. Die gewürzten Stubenkükenbrüste nebeneinanderliegend in einen Folienbeutel füllen, vakuumieren und 30 Minuten im Wasserbad garen. Die Stubenküken aus dem Vakuumbeutel nehmen, warmhalten und vor dem Servieren aufschneiden.

Anrichten: Den Fenchel-Pomelo-Salat auf die Teller verteilen und die Stübenkükentranchen darauf anrichten. Mit den Micro Leaves bestreut servieren.

PLATTES GEWÜRZHUHN MIT SPINAT, ROSINEN UND REIS

Für 4 Personen – Sous-Vide-Garzeit: Hähnchen 1 Std. bei 65 °C, gesamt: 1 Std. 20 Min.

Für das Gewürzhuhn
2 Kardamomkapseln
½ Zimtstange
2 Gewürznelken
1 Sternanis
1 TL gemahlene Kurkuma
1 TL edelsüßes Paprikapulver
2 EL weiße Sesamsaat
30 ml Olivenöl
1 TL Salz
1 frisches Hähnchen (etwa 1400 g)

Für den Reis
3 Knoblauchzehen
2 EL Olivenöl
200 g Basmatireis
½ TL Salz
1 TL gemahlene Kurkuma
100 g Baby-Spinat
20 g Butter
2 EL Rosinen

Gewürzhuhn: Das Wasserbad auf 65 °C vorheizen. Den Kardamom, den Zimt, die Nelken und den Sternanis im Mörser grob zerstoßen und die Gewürzmischung in einer Pfanne ohne Fett anrösten. Die Gewürzmischung in eine Schale umfüllen und mit der Kurkuma, der Paprika, der Sesamsaat, dem Olivenöl und dem Salz mischen. Das Hähnchen mit einer Geflügelschere links und rechts entlang der Wirbelsäule aufschneiden und das Rückgrat entfernen. Das Hähnchen mit der Brust nach oben legen und durch Druck auf das Brustbein flach drücken. Die Haut abziehen und das Fleisch mit der Gewürzöl einreiben. Das Gewürzhuhn in einen Folienbeutel füllen, dabei auf spitze Knochenteil achten und diese gegebenenfalls entfernen oder mit Backpapier umhüllen, vakuumieren und 1 Stunde im Wasserbad garen. Anschließend das Hähnchen aus dem Vakuumbeutel nehmen, den Sud auffangen und das Fleisch in Stücke teilen. Beides warmstellen.

Reis: Den Knoblauch abziehen und fein hacken. Das Olivenöl in einem Topf erhitzen und den Knoblauch darin goldbraun anbraten. Den Basmatireis, das Salz, die Kurkuma und 300 ml Wasser zugeben und aufkochen. Den Reis abgedeckt bei mittlerer Temperatur 10 Minuten köcheln lassen. Anschließend vom Herd nehmen und 10 Minuten ausquellen lassen. Den Spinat waschen, trocknen und verlesen. Die Butter, den Spinat und die Rosinen unter den Reis rühren.

Anrichten: Den Reis auf die vorgewärmten Teller verteilen und die Hähnchenteile darauf anrichten. Den Sud über das Fleisch träufeln.

CAESAR SALAD MIT PERLHUHNBRUST

Für 4 Personen – Sous-Vide-Garzeit: Perlhuhnbrust 45 Min. bei 58 °C, gesamt: 1 Std.

Für die Perlhuhnbrust

4 Perlhuhnbrüste mit Haut und ohne Knochen
Salz
2 Knoblauchzehen
20 ml Olivenöl + etwas mehr zum Anbraten
4 Zweige Thymian

Für den Caesar Salad

1 Romana Salat
1 Eigelb
1 kleine Knoblauchzehe
2 Sardellen
1 TL Kapern
2 TL mittelscharfer Senf
2 TL Worcestershire-Sauce
Saft von ¼ Zitrone
½ TL Salz
frisch gemahlener schwarzer Pfeffer
100 ml neutrales Pflanzenöl
100 g Naturjoghurt (3,5 % Fettgehalt)
50 g Parmesan, frisch gerieben

Zum Anrichten

Parmesan am Stück zum Hobeln

Perlhuhnbrust: Das Wasserbad auf 58 °C vorheizen. Die Perlhuhnbrüste leicht salzen. Die Knoblauchzehen abziehen und halbieren. Das Fleisch zusammen mit dem Knoblauch, dem Olivenöl und dem Thymian in einen Folienbeutel füllen, vakuumieren und 45 Minuten im Wasserbad garen. Anschließend das Fleisch aus dem Vakuumbeutel nehmen und abtropfen lassen. Etwas Olivenöl in einer Pfanne erhitzen und die Perlhuhnbrüste auf der Hautseite anbraten. Vor dem Servieren in Scheiben schneiden.

Caesar Salad: Den Romanasalat waschen, trockenschleudern und in Stücke zupfen. Für das Dressing das Eigelb mit dem halbierten Knoblauch, den Sardellen, den Kapern, dem Senf, der Worcestershire-Sauce, dem Zitronensaft, dem Salz und etwas Pfeffer in einen hohen Mixbecher geben. Mit einem Pürierstab fein pürieren. Das Öl daraufgeben und die Masse langsam von unten nach oben cremig mixen, indem der Pürierstab langsam an der Gefäßwand nach oben gezogen wird. Den Joghurt und den Parmesan unterrühren.

Anrichten: Den Romanasalat auf die Teller verteilen und etwas Dressing darübergießen. Die Fleischscheiben darauf anrichten. Abschießend etwas Parmesan dünn darüberhobeln.

ENTENBRUST IN LAVENDELHONIG AUF KARTOFFEL-DATTEL-STAMPF

Für 4 Personen – Sous-Vide-Garzeit: Entenbrust 45 Min. bei 62 °C, gesamt: 1 Std. 15 Min.

Für die Entenbrust

700 g Entenbrust
2 EL flüssiger Honig
½ TL getrocknete Lavendelblüten
Salz
frisch gemahlener schwarzer Pfeffer
Olivenöl zum Braten

Für den Kartoffel-Dattel-Stampf

800 g mehligkochende Kartoffeln
6–8 frische entsteinte Datteln (etwa 75 g)
150 ml Vollmilch
50 g Butter
Salz
frisch geriebene Muskatnuss
1 Msp. Chiliflocken
3 EL Schnittlauchröllchen

Für die Balsamico-Reduktion

100 ml Aceto balsamico
50 g Zucker
Salz
1 Zweig Rosmarin

Zum Anrichten

¼ Rotkohl, fein gehobelt

Entenbrust: Das Wasserbad auf 62 °C vorheizen. Die Entenbrüste trockentupfen und die Haut im Abstand von 1 cm einschneiden, dabei darauf achten, dass nicht in das Fleisch geschnitten wird. Die Entenbrust zusammen mit dem Honig und den Lavendelblüten in einen Folienbeutel füllen, vakuumieren und 45 Minuten im Wasserbad garen. Die Entenbrüste aus dem Vakuumbeutel nehmen, abttropfen lassen und mit Salz und Pfeffer würzen. Das Olivenöl in einer Pfanne erhitzen und die Entenbrüste auf der Hautseite knusprig braten. Dann wenden und 30 Sekunden auf der Fleischseite braten. Das Fleisch warmhalten und vor dem Servieren aufschneiden.

Kartoffel-Dattel-Stampf: Die Kartoffeln waschen, schälen und würfeln. In einen Dämpfeinsatz legen, etwas Wasser in einem Topf zum Kochen bringen, den Dämpfeinsatz einstellen und die Kartoffeln abgedeckt etwa 30 Minuten weichgaren. Die Datteln aufschneiden, den Stein entfernen und das Fruchtfleisch kleinschneiden. Die Milch mit den Datteln aufkochen und vom Herd ziehen. Die Butter zugeben und die Dattel-Milch kräftig mit Salz, Muskat und Chiliflocken würzen. Die weich gegarten Kartoffeln mit der Dattel-Milch in eine flache Schüssel geben, mit einer Gabel grob zerdrücken und den Stampf gut vermischen. Vor dem Servieren die Schnittlauchröllchen untermischen.

Balsamico-Reduktion: Den Balsamico mit dem Zucker, einer Prise Salz und dem Rosmarin aufkochen und dickflüssig einkochen lassen.

Anrichten: Den Kartoffel-Dattel-Stampf auf die vorgewärmten Teller verteilen. Die Entenbrusttranchen darauf anrichten und mit der Balsamico-Reduktion beträufeln. Mit den Rotkohlstreifen garnieren.

POLLO FINO AUF ERBSEN-SPROSSEN-SALAT

Für 4 Personen – Sous-Vide-Garzeit: Pollo fino 2 Std. bei 65 °C, gesamt: 2 Std. 30 Min.

Für die Pollo fino

8 Pollo fino (ausgelöste Hähnchenkeulen)
Salz
frisch gemahlener schwarzer Pfeffer
8 Scheiben Parmaschinken
8 Salbeiblätter
40 g Butter

Für den Erbsen-Sprossen-Salat

250 g Zuckererbsen
Salz
100 g Zuckerschoten
1 Handvoll Erbsensprossen
Saft von 1 Limette
1 TL Ahornsirup
2 EL Reisessig
3 EL Olivenöl

Pollo fino: Das Wasserbad auf 65 °C vorheizen. Die Hähnchenkeulen flach auslegen und mit Salz und Pfeffer würzen. Mit je einer Scheibe Parmaschinken und einem Salbeiblatt belegen, aufrollen und mit Küchengarn in eine runde Form binden. Mit der Butter in einen Folienbeutel füllen, vakuumieren und 2 Stunden im Wasserbad garen. Die gefüllten Hähnchenkeulen aus dem Vakuumbeutel nehmen und gut abtropfen lassen. Eine Pfanne auf hohe Temperatur erhitzen und die gefüllten Hähnchenkeulen kurz anbraten. Mit Salz und Pfeffer würzen, warmstellen und vor dem Servieren in Tranchen schneiden.

Erbsen-Sprossen-Salat: Die Zuckererbsen 30 Sekunden in kochendem, leicht gesalzenem Wasser blanchieren und in Eiswasser abschrecken. Die Zuckerschoten waschen und in dünne Streifen schneiden. Die Sprossen waschen, trockentupfen und verlesen. Die Zuckererbsen, die Zuckerschoten und die Sprossen in einer Schüssel locker miteinander vermischen. Den Limettensaft, den Ahornsirup, den Reisessig und das Olivenöl verrühren und den Salat damit marinieren.

Anrichten: Den Erbsen-Sprossen-Salat auf die Teller verteilen und die Hähnchentranchen daneben anrichten.

FINGERLICKING WINGS MIT CAIPIRINHA-KETCHUP

Für 4 Personen – Sous-Vide-Garzeit: Chicken Wings 30 Min. bei 65 °C, gesamt: 2 Std. (+ 2 Std. marinieren)

Für die Fingerlicking Wings

1 Knoblauchzehe
Schale von 1 unbehandelten Zitrone
1 EL edelsüßes Paprikapulver
1 TL Pimentón de la Vera (geräuchertes Paprikapulver)
1 EL Kräuter der Provence
1 TL Chiliflocken
2 kg Chicken Wings

Für den Caipirinha-Ketchup

1,5 kg Tomaten
3 Zwiebeln
3 EL Olivenöl
3 EL Rohrohrzucker
Saft von 3 Limetten
30 ml Cachaça
Salz
frisch gemahlener schwarzer Pfeffer

Zum Anrichten

3 Stängel Minze, Blätter abgezupft

Fingerlicking Wings: Den Knoblauch abziehen und hacken. Die Zitronenschale fein abreiben. Aus den Gewürzen und Kräutern eine Mischung herstellen und die Chicken Wings damit sorgfältig einreiben. Die gewürzten Wings in einen Folienbeutel füllen, vakuumieren und 2 Stunden marinieren. Das Wasserbad auf 65 °C vorheizen und die vakuumierten Hähnchenteile 30 Minuten darin garen. Anschließend die Chicken Wings aus dem Vakuumbeutel nehmen, gut abtropfen lassen und nebeneinander auf einem Ofenblech ausbreiten. Die Wings im auf 220 °C vorgeheizten Backofen (Grillfunktion oder Oberhitze) 10 Minuten knusprig backen, wenden und weitere 10 Minuten backen.

Caipirinha-Ketchup: Die Tomaten waschen, die Stielansätze entfernen und das Fruchtfleisch würfeln. Die Zwiebeln abziehen und würfeln. Anschließend die Tomaten, die Zwiebeln, das Olivenöl, den Zucker, den Limettensaft und den Cachaça in einen Folienbeutel füllen, vermischen, vakuumieren und 30 Minuten marinieren. Danach den Inhalt des Vakuumbeutels in einen großen Topf umfüllen und zum Kochen bringen. Etwa 1 Stunde offen bei geringer Temperatur und gelegentlichem Umrühren dickflüssig einkochen. Mit Salz und Pfeffer würzen. Den Ketchup pürieren und nach Belieben passieren. Vor dem Servieren abkühlen lassen.

Anrichten: Die Chicken Wings auf Tellern anrichten und den Ketchup in separaten Schälchen dazustellen. Mit Minzblättchen garnieren. Als Beilage passen Pommes frites.

TIPP

Grill-Variante: Den Grill auf direkte hohe Hitze (etwa 250 °C) vorheizen. Die Wings aus dem Vakuumbeutel nehmen und 10–15 Minuten knusprig grillen.

ENTENKEULE, ROSENKOHL, WALNÜSSE UND KROSSE KARTOFFELWÜRFEL

Für 4 Personen – Sous-Vide-Garzeit: Entenkeule 8 Std. bei 70 °C, gesamt: 8 Std. 30 Min.

Für die Entenkeulen
4 Entenkeulen, ausgelöst
Salz
1 TL gerebelter getrockneter Beifuß
1 Zweige Oregano
1 TL Szechuanpfeffer
150 g weiches Entenfett oder Butterschmalz
100 g flüssige Sahne
frisch gemahlener schwarzer Pfeffer

Für die krossen Kartoffelwürfel
500 g festkochende, unbehandelte Kartoffeln
100 ml Olivenöl
Salz

Für den Rosenkohl
500 g Rosenkohl
50 g Walnusskerne
30 g Butter
Abrieb und Saft von 1 unbehandelter Orange
1 TL flüssiger Honig
Salz
frisch gemahlener schwarzer Pfeffer

Entenkeulen: Das Wasserbad auf 70 °C vorheizen. Die Entenkeulen mit Küchengarn in Form binden und leicht salzen. Die Keulen mit dem Beifuß, dem Oregano, dem Szechuanpfefffer und dem Entenfett in einen Folienbeutel füllen, vakuumieren und 8 Stunden im Wasserbad garen. Den Backofen auf 220 °C Ober-/Unterhitze (200 °C Umluft) vorheizen. Die Entenkeulen aus dem Vakuumbeutel nehmen und abtropfen lassen, dabei den Sud auffangen. Anschließend die Keulen nebeneinander auf ein Ofengitter legen und mit untergestellter Fettpfanne 20–25 Minuten knusprig braten. Den Entensud durch ein Sieb in einen Topf gießen, entfetten und mit der Sahne auf die Hälfte einkochen. Die Sauce mit Salz und Pfeffer würzen. Das Küchengarn vor dem Servieren entfernen und die Entenkeulen in Tranchen schneiden.

Krosse Kartoffelwürfel: Die Kartoffeln waschen und mit Schale in 1 × 1 cm große Würfel schneiden. Nochmals in kaltem Wasser waschen und trockentupfen. In einer Pfanne das Olivenöl erhitzen und die Kartoffelwürfel bei niedriger Temperatur langsam goldbraun und knusprig braten. Die Kartoffelwürfel mit einer Schaumkelle aus dem Olivenöl heben, auf Küchenpapier gut abtropfen lassen und salzen.

Rosenkohl: Den Rosenkohl putzen, waschen und die Blätter ablösen. Die Walnusskerne grob hacken. Die Butter in einer Pfanne aufschäumen und die Rosenkohlblätter und die Walnusskerne darin anbraten. Mit dem Orangensaft ablöschen und mit der abgeriebenen Orangenschale, dem Honig, Salz und Pfeffer würzen. 1–2 Minuten einkochen lassen.

Anrichten: Die Ententranchen auf die vorgewärmten Teller verteilen und den Rosenkohl und die Kartoffelwürfel daneben anrichten. Etwas Sauce um das Fleisch träufeln.

PUTENBRUST IM SCHWEINENETZ MIT TABOULÉ UND KÜRBISHUMMUS

Für 4 Personen – Sous-Vide-Garzeit: Putenbrust 6 Std. bei 65 °C, gesamt: 6 Std. 15 Min.

Für die Putenbrust
1 kg Putenbrust
Salz
20 g frischer Ingwer
2 TL Koriandersamen, gemörsert
1 TL Kreuzkümmelsamen, gemörsert
1 Stück Schweinenetz (etwa 50 × 50 cm)

Für das Taboulé
150 g feiner Bulgur
150 g Gemüsebrühe
1 Bund glatte Petersilie
1 Bund Minze
½ Salatgurke
Saft von 1 Zitrone
2 TL Ahornsirup
30 ml Olivenöl
Salz
frisch gemahlener schwarzer Pfeffer

Für das Kürbishummus
300 g Muskatkürbis
100 ml Gemüsebrühe
1 Knoblauchzehe
100 g Tahin (Sesammus)
50 g Olivenöl + etwas zum Beträufeln
1 TL flüssiger Honig

Putenbrust: Das Wasserbad auf 65 °C vorheizen. Die Putenbrust leicht salzen. Den Ingwer schälen und fein reiben. Die Putenbrust mit den gemörserten Gewürzen und dem Ingwer einreiben und in das Schweinenetz einwickeln. Anschließend das Fleisch in einen Folienbeutel geben, vakuumieren und 6 Stunden im Wasserbad garen. Die Putenbrust aus dem Vakuumbeutel nehmen und abtropfen lassen. Das Fleisch warmstellen und vor dem Servieren in dünne Scheiben schneiden.

Taboulé: Den Bulgur mit der Gemüsebrühe in einen Folienbeutel füllen, vakuumieren und 30 Minuten ziehen lassen. Den Bulgur aus dem Vakuumbeutel in eine Schüssel umfüllen. Die Petersilie und die Minze waschen, trocknen, die Blätter abzupfen und grob hacken. Die Gurke waschen, trocknen und fein würfeln. Die Kräuter und die Gurke ebenfalls in die Schüssel geben. Den Zitronensaft, den Ahornsirup, das Olivenöl, etwas Salz und Pfeffer zufügen und alles gut vermischen.

Kürbishummus: Den Kürbis schälen, würfeln und in der Gemüsebrühe weichkochen. Den Knoblauch abziehen und halbieren. Den Kürbis mit dem Knoblauch, dem Tahin, dem Olivenöl und dem Honig in einen Standmixer umfüllen und pürieren. Das Hummus auf einem flachen Teller verstreichen und mit Olivenöl beträufeln.

Anrichten: Das Taboulé mit der Putenbrust auf die vorgewärmten Teller verteilen. Nochmals mit Salz und Pfeffer würzen und mit dem Hummus servieren.

IN WACHOLDERÖL GEGARTE MAISPOULARDENBRUST AUF PETERSILIEN-WURZEL-CREME

Für 4 Personen – Sous-Vide-Garzeit: Petersilienwurzeln 1 Std. 30 Min. bei 85 °C, Maispoulardenbrust 45 Min. bei 60 °C, gesamt: 2 Std. 40 Min.

Für die Petersilienwurzel-Creme

700 g Petersilienwurzeln
2 Schalotten
20 g Butter
120 g flüssige Sahne
Salz
frisch geriebene Muskatnuss

Für die Maispoulardenbrust

4 Maispoulardenbrüste mit Haut und ohne Knochen
Salz
1 TL Wacholderbeeren
3 Zweige Thymian
1 Lorbeerblatt
70 ml Olivenöl

Für die frittierte Petersilie

6 Stängel glatte Petersilie
50 ml Olivenöl
Salz

Petersilienwurzel-Creme: Das Wasserbad auf 85 °C vorheizen. Die Petersilienwurzeln schälen und in Stücke schneiden. Die Schalotten abziehen und fein würfeln. Die Petersilienwurzeln mit den Schalotten, der Butter, der Sahne und einer Prise Salz in einen Folienbeutel füllen, vakuumieren und 1½ Stunden im Wasserbad garen. Anschließend den Inhalt des Vakuumbeutels in einen Standmixer umfüllen und fein pürieren. Die Petersilienwurzel-Creme mit Salz und etwas frisch geriebener Muskatnuss würzen und warmstellen.

Maispoulardenbrust: Die Maispoulardenbrüste trockentupfen, parieren und leicht salzen. Die Brüste mit den zerdrückten Wacholderbeeren, dem Thymian, dem Lorbeerblatt und dem Olivenöl in einen Folienbeutel füllen, vakuumieren und für 30 Minuten zum Marinieren beiseitelegen. Das Wasserbad auf 60 °C temperieren. Die vakuumierten Maispoulardenbrüste 45 Minuten im Wasserbad garen. Anschließend das Fleisch aus dem Vakuumbeutel nehmen und dabei das Wacholderöl auffangen. Die Haut der Maispoulardenbrüste abziehen. Das Wacholderöl in ein hohes Gefäß füllen, die Kräuter entfernen und zum Klären stehen lassen. Das Fleisch warmstellen und vor dem Servieren in Tranchen schneiden

Frittierte Petersilie: Die Petersilie waschen, gründlich trockentupfen und die groben Stiele entfernen. Das Olivenöl in einer Pfanne erhitzen und die Petersilie darin kurz knusprig frittieren. Anschließend die Petersilie auf Küchenpapier abtropfen lassen und salzen.

Anrichten: Die Petersilienwurzel-Creme auf den vorgewärmten Tellern ausstreichen und die Fleischtranchen darauf anrichten. Mit der frittierten Petersilie bestreuen und etwas geklärtes Wacholderöl darüberträufeln.

COQ AU CIDRE, KARTOFFELTARTE UND TRAUBENKOMPOTT

Für 4 Personen – Sous-Vide-Garzeit: Maishähnchen 1 Std. 50 Min. bei 65 °C, gesamt: 2 Std. 30 Min.

Für das Traubenkompott

600 g helle Trauben
1 Zweig Rosmarin
200 g Gelierzucker (Verhältnis 3:1)
1 Msp. Chiliflocken

Für den Coq au Cidre

1 Maispoularde (etwa 1800 g)
40 g Butter
Salz
frisch gemahlener schwarzer Pfeffer
200 ml Cidre (Apfelsekt oder Apfelperlwein)
1 Zimtstange
2 Lorbeerblätter

Für die Kartoffeltarte

500 g festkochende Kartoffeln
100 g Frischkäse
2 Eigelb
100 g Emmentaler, gerieben
Salz
frisch geriebene Muskatnuss
30 g flüssige Butter + Butter für die Form

Traubenkompott: Die Trauben waschen, halbieren, entkernen. Den Rosmarin waschen, trocknen und die Nadeln abzupfen. Die Rosmarinnadeln fein hacken. Die Trauben und mit dem Gelierzucker, den Chiliflocken und den Rosmarinnadeln in einem Topf mischen. 15 Minuten Saft ziehen lassen. Anschließend die Mischung aufkochen und 3 Minuten kochen lassen. Das Traubenkompott zum Abkühlen in eine flache Form gießen und im Kühlschrank abkühlen lassen.

Coq au Cidre: Das Wasserbad auf 65 °C vorheizen. Die Maispoularde in Brust und Keulen teilen und diese jeweils nochmals halbieren. Die Butter in einem großen Bräter aufschäumen und die Geflügelteile darin goldbraun anbraten. Anschließend die Fleischteile mit Salz und Pfeffer würzen. Die Keulen- und Bruststücke getrennt voneinander jeweils in einen Folienbeutel füllen. Den Cidre, die halbierte Zimtstange und die Lorbeerblätter auf beide Portionen aufteilen und vakuumieren. Beide Portionen 45 Minuten im Wasserbad garen. Dann die Bruststücke aus dem Wasserbad nehmen und kühlen. Die Keulenstücke 1 weitere Stunde im Wasserbad garen. Vor dem Servieren die Vakuumbeutel mit den Keulen und Bruststücken nochmals im Wasserbad (65 °C) etwa 20 Minuten regenerieren. Die Keulen und Bruststücke aus den Vakuumbeutel nehmen und dabei den Sud auffangen. Die Fleischteile warmhalten. Den Sud durch ein Sieb in einen Topf gießen, aufkochen und auf die Hälfte einkochen. Die Sauce mit Salz und Pfeffer würzen.

Kartoffeltarte: Den Backofen auf 180 °C Ober-/Unterhitze (160 °C Umluft) vorheizen. Die Kartoffeln waschen, schälen und in dünne Scheiben hobeln. Eine Tarteform (20 cm Durchmesser) dick mit Butter ausstreichen. Die Kartoffelscheiben leicht überlappend hineinlegen. Den Frischkäse mit dem Eigelb und dem geriebenen Käse verrühren, dann mit Salz und Muskatnuss würzen. Die Masse auf den Kartoffelscheiben in der Tarteform verteilen. Mit den restlichen Kartoffeln belegen und mit der geschmolzenen Butter bestreichen. Die Kartoffeltarte 45 Minuten auf der untersten Schiene backen. Anschließend 10 Minuten abkühlen lassen und aus der Form nehmen. Die Tarte in vier Stücke schneiden.

Anrichten: Die Kartoffeltarte auf die vorgewärmten Teller legen. Je ein Brust- und Keulenteil mit der Sauce daneben anrichten. Mit dem Traubenkompott servieren.

MARINIERTE PUTENKEULE AUF SCHALOTTEN-CREME, POLENTA UND MANGO

Für 4 Personen – Sous-Vide-Garzeit: Putenkeule 4 Std. bei 65 °C, Schalotten 2 Std. bei 85 °C, gesamt: 6 Std. 45 Min.

Für die Putenkeule

800 g Putenkeule, ausgelöst
Salz
2 TL Pimentón de la Vera (geräuchertes Paprikapulver)
30 g Butter

Für die Schalotten-Creme

300 g Schalotten
2 Knoblauchzehen
30 g Butter
50 ml Gemüsefond (Glas)
50 g flüssige Sahne
Salz
frisch gemahlener schwarzer Pfeffer

Für die Mango

1 reife Mango
2 EL Weißweinessig
1 TL flüssiger Honig
1 Sternanis
2 Kardamomkapseln

Für die Polenta

500 ml Gemüsefond (Glas)
80 g Polentagrieß
30 g Butter
50 g Parmesan, frisch gerieben
Salz
frisch geriebene Muskatnuss

Putenkeule: Das Wasserbad auf 65 °C vorheizen. Die Putenkeule parieren, in 5 cm lange Stücke schneiden und diese leicht salzen. Die Fleischstücke zusammen mit Paprikapulver und der Butter in einen Folienbeutel füllen, vakuumieren und 4 Stunden im Wasserbad garen. Anschließend kühlen. Vor dem Servieren das vakuumierte Putenfleisch im Wasserbad (65 °C) 30 Minuten regenerieren, aus dem Vakuumbeutel nehmen und abtropfen lassen.

Schalotten-Creme: Das Wasserbad auf 85 °C temperieren. Die Schalotten und den Knoblauch abziehen und grob würfeln. Die Schalotten mit dem Knoblauch, der Butter, dem Gemüsefond und der Sahne in einen Folienbeutel füllen, vakuumieren und 2 Stunden im Wasserbad garen. Anschließend den gesamten Inhalt aus dem Vakuumbeutel in einen Standmixer umfüllen, fein pürieren und mit Salz und Pfeffer würzen.

Mango: Die Mango schälen, das Fruchtfleisch vom Kern schneiden und klein würfeln. Mit dem Essig, dem Honig, dem Sternanis und dem Kardamom in einen Folienbeutel füllen, vakuumieren und 1 Stunde marinieren.

Polenta: Den Gemüsefond aufkochen, den Polentagrieß einrieseln lassen und unter Rühren aufkochen. Die Temperatur auf niedrige Stufe reduzieren und die Polenta 10 Minuten ausquellen lassen. Die Butter und den Parmesan unterrühren und mit Salz und Muskatnuss würzen.

Anrichten: Die Schalotten-Creme und die Polenta auf den vorgewärmten Tellern verstreichen. Die Putenstücke darauf anrichten und mit den marinierten Mangowürfeln garnieren.

BERGAMOTTE-ENTENBRUST AUF MIRABELLEN UND STECKRÜBEN

Für 4 Personen – Sous-Vide-Garzeit: Mirabellen 15 Min. bei 65 °C, Entenbrust 40 Min. bei 62 °C, gesamt: 1 Std. 15 Min.

Für die Mirabellen

400 g Mirabellen
1 Chilischote
Saft von 1 Zitrone
2 TL flüssiger Honig

Für die Bergamotte-Entenbrust

700 g Entenbrust mit Haut
2 TL loser Earl Grey (aromatisierter Schwarztee mit Bergamotte)
Salz
Olivenöl zum Braten
frisch gemahlener schwarzer Pfeffer

Für die Steckrüben

600 g Steckrübe
30 g Butter
2 Zweige Thymian
Salz
frisch gemahlener schwarzer Pfeffer
1 TL flüssiger Honig
3 EL Sojasauce

Mirabellen: Das Wasserbad auf 65 °C vorheizen. Die Mirabellen waschen, halbieren und entsteinen. Die Chilischote waschen, entkernen und fein hacken. Die Mirabellenhälften mit der Chilischote, dem Zitronensaft und dem Honig in einen Folienbeutel füllen, vakuumieren und 15 Minuten im Wasserbad garen. Anschließend den Vakuumbeutel zum Abkühlen beiseitelegen. Die Mirabellen durchziehen lassen. Vor der Weiterverwendung in eine Schale umfüllen.

Bergamotte-Entenbrust: Das Wasserbad auf 62 °C temperieren. Die Haut der Entenbrüste einschneiden, dabei das darunterliegende Fleisch nicht verletzen. Die Hautseite mit dem Tee bestreuen und leicht salzen. Die Entenbrust in einen Folienbeutel füllen, vakuumieren und 40 Minuten im Wasserbad garen. Anschließend das Fleisch aus dem Vakuumbeutel nehmen und abtropfen lassen. Etwas Olivenöl in einer Pfanne erhitzen und die Entenbrüste auf der Hautseite goldbraun braten. Dann wenden und kurz auf der Fleischseite braten. Die Entenbrüste mit Salz und Pfeffer würzen und warmstellen. Vor dem Servieren in Scheiben schneiden.

Steckrüben: Die Steckrüben schälen und in Würfel mit 1 cm Kantenlänge schneiden. Die Butter in einer Pfanne erhitzen und den Thymian zugeben. Die Steckrübenwürfel darin anbraten und mit Salz und Pfeffer würzen. Den Honig und die Sojasauce zugeben und die Steckrüben darin glasieren. Etwa 5 Minuten leicht köcheln lassen.

Anrichten: Die Steckrüben und die Mirabellen auf die vorgewärmten Teller verteilen. Die Entenbrustscheiben darauflegen und servieren.

GÄNSERAGOUT AUF SOBA-NUDELN MIT PAK CHOI UND LIMETTE

Für 4 Personen – Sous-Vide-Garzeit: Gänseragout 12 Std. bei 70 °C, gesamt: 12 Std. 20 Min.

Für das Gänseragout

4 Gänsekeulen ohne Knochen
Salz
2 Zweige Rosmarin
50 ml Sojasauce
100 ml Geflügelfond (Glas)
100 g flüssige Sahne
1 TL Speisestärke
frisch gemahlener schwarzer Pfeffer

Für die Soba-Nudeln

200 g Soba-Nudeln (asiat. Buchweizennudeln)

Für den Pak Choi

4 kleine Pak Choi
1 EL Sesamöl
Salz
frisch gemahlener schwarzer Pfeffer
Saft von ½ Limette

Gänseragout: Das Wasserbad auf 70 °C vorheizen. Die Haut und das Fett der Gänsekeulen entfernen, das Fleisch in 3 cm große Stücke schneiden und leicht salzen. Die Fleischteile mit dem Rosmarin, der Sojasauce und dem Geflügelfond in einen Folienbeutel füllen, vakuumieren und 12 Stunden im Wasserbad garen. Das Fleisch aus dem Vakuumbeutel nehmen und warmstellen, dabei den Sud auffangen. Den Sud durch ein feines Sieb in einen Topf passieren. Anschließend mit der Sahne aufkochen und 10 Minuten offen einkochen lassen. Die Speisestärke in 1 EL Wasser anrühren und die Sauce damit binden. Die Fleischwürfel in die Sauce geben und nochmals gut erhitzen. Vor dem Servieren mit Pfeffer abschmecken.

Soba-Nudeln: Die Soba-Nudeln nach Packungsangabe garen und abgießen.

Pak Choi: Den Pak Choi putzen, waschen und längs halbieren. Das Sesamöl in einer Pfanne erhitzen und die Pak-Choi-Hälften darin anbraten. Anschließend mit Salz, Pfeffer und dem Limettensaft würzen.

Anrichten: Die Soba-Nudeln auf die vorgewärmten tiefen Teller verteilen. Das Gänseragout darauf anrichten und jeweils zwei Pak-Choi-Hälften darauflegen.

TIPP

Flüssigkeiten können mit einem Außenvakuumierer nur sehr schwer oder gar nicht vakuumiert werden. Man muss sich mit einem Trick behelfen und die Flüssigkeiten vor dem Vakuumiervorgang einfrieren.

BBQ POLLO FINO MIT SÜSSSAUREN ZWIEBELRINGEN, KOPFSALAT UND AVOCADO

Für 4 Personen – Sous-Vide-Garzeit: Pollo fino 45 Min. und Zwiebeln 1 Std. bei 62 °C, gesamt: 1 Std. 25 Min.

Für die süßsauren Zwiebelringe

1 TL Koriandersamen
2 Gemüsezwiebeln
30 ml Apfelessig
1 EL flüssiger Honig
Salz

Für die BBQ Pollo fino

4 Pollo fino (entbeinte Hähnchenschenkel ohne Haut)
4 EL BBQ-Sauce
20 g Butter

Avocado-Creme

1 reife Avocado
Salz
frisch gemahlener schwarzer Pfeffer
Saft von 1 Limette

Fertigstellung

1 Kopfsalat
12 Taco Shells

Süßsaure Zwiebelringe: Die Koriandersamen in einer Pfanne ohne Fett rösten und im Mörser zerstoßen. Die Zwiebeln abziehen und in 1 cm dicke Scheiben schneiden. Die Zwiebelscheiben mit den Koriandersamen, dem Essig, dem Honig und etwas Salz in einen Folienbeutel füllen, vakuumieren und 1 Stunde im Wasserbad garen. Anschließend in eine Schale umfüllen.

BBQ Pollo fino: Das Wasserbad auf 62 °C vorheizen. Die Pollo fino rundum mit der BBQ-Sauce einstreichen und zusammen mit der Butter in einen Folienbeutel füllen, vakuumieren und 45 Minuten im Wasserbad garen. Die Pollo fino aus dem Vakuumbeutel nehmen, die Haut abziehen und das Fleisch in Streifen schneiden.

Avocado-Creme: Die Avocado halbieren, entkernen und das Fruchtfleisch mit einem Löffel herausheben. Das Fruchtfleisch in einer flachen Schüssel mit einer Gabel fein zerdrücken. Die Avocado-Creme mit Salz, Pfeffer und Limettensaft würzen.

Fertigstellung: Den Salat waschen, trockentupfen und in feine Streifen schneiden. Die Taco Shells mit der Avocado-Creme, den Salatstreifen und den Fleischstreifen füllen. Die Zwiebelringe daraufgeben und servieren.

HÄHNCHEN-SALTIMBOCCA AUF KOKOS-STECKRÜBEN-PÜREE MIT FEIGEN

Für 4 Personen – Sous-Vide-Garzeit: Steckrüben 1 Std. 30 Min. bei 85 °C, Hähnchenbrust 45 Min. bei 60 °C, gesamt: 2 Std. 45 Min. (+ über Nacht marinieren)

Für die Feigen

- 100 ml Holundersaft
- 2 EL flüssiger Honig
- 100 ml roter Portwein
- 1 Zimtstange
- Saft von ½ Zitrone
- 8 frische Feigen
- 1 TL Speisestärke

Für das Kokos-Steckrüben-Püree

- 600 g Steckrübe
- 20 g Butter
- 150 ml Gemüsefond (Glas)
- 150 ml Kokosmilch
- Saft von ½ Limette
- 1 Msp. Chiliflocken
- Salz
- frisch gemahlener schwarzer Pfeffer

Für das Saltimbocca

- 4 Hähnchenbrüste ohne Haut und Knochen
- Salz
- 8 Scheiben Parmaschinken
- 20 ml Olivenöl
- 25 g Butter
- 8 Salbeiblätter

Feigen: Den Holundersaft mit 100 ml Wasser, dem Honig, dem Portwein, der Zimtstange und dem Zitronensaft aufkochen. Die Feigen waschen, halbieren und in dem Sud abgedeckt über Nacht durchziehen lassen. Anschließend durch ein Sieb gießen und den Sud auffangen. Den Sud in einem Topf aufkochen, etwa auf die Hälfte einkochen und dann mit der in 1 EL Wasser angerührten Speisestärke binden.

Kokos-Steckrüben-Püree: Das Wasserbad auf 85 °C vorheizen. Die Steckrüben schälen und würfeln. Die Würfel mit der Butter, dem Fond, der Kokosmilch, dem Limettensaft, den Chiliflocken und 1 TL Salz in einen Folienbeutel füllen, vakuumieren und 1½ Stunden im Wasserbad garen. Den Inhalt des Vakuumbeutels in einen Topf umfüllen und die Steckrüben aufkochen. Anschließend fein pürieren, mit Salz und Pfeffer würzen und warmstellen.

Saltimbocca: Das Wasserbad auf 60 °C temperieren. Die Hähnchenbrüste leicht salzen und mit je zwei Scheiben Parmaschinken umwickeln. Die Hähnchenbrüste zusammen mit dem Olivenöl in einen Folienbeutel füllen, vakuumieren und 45 Minuten im Wasserbad garen. Die Butter in einer Pfanne erhitzen und die Salbeiblätter in der Butter knusprig braten. Die Hähnchenbrüste aus dem Vakuumbeutel nehmen, abtropfen lassen und kurz in der Salbeibutter wenden. Anschließend bis zum Servieren warmstellen.

Anrichten: Das Kokos-Steckrüben-Püree auf den vorgewärmten Teller ausstreichen und die halbierten Hähnchen-Saltimbocca darauf anrichten. Das Fleisch mit der Salbeibutter beträufeln. Die Feigen mit etwas Sud danebenlegen.

FISCH

HEILBUTT MIT MEERRETTICHMOUSSE, AVOCADOMAYO, ZITRUS-BUCHWEIZEN-CRUNCH

Für 4 Personen – Sous-Vide-Garzeit: Heilbutt 15 Min. bei 50 °C, gesamt: 45 Min. (+ 2 Std. kühlen)

Für die Meerrettichmousse
3 Blatt Gelatine
150 g Mascarpone
100 g Naturjoghurt (3,5 % Fettgehalt)
50 g frische Meerrettichwurzel, gerieben
Saft von ½ Zitrone
1 TL Salz
2 Prisen frisch gemahlener schwarzer Pfeffer
2 Prisen Zucker
2 Prisen Cayennepfeffer
1 frisches Eiweiß
50 ml Vollmilch

Für den Zitrus-Buchweizen-Crunch
50 g Buchweizen
2 EL Puderzucker
fein abgeriebene Schale von 1 unbehandelten Zitrone

Avocado-Mayo
1 reife Avocado (Sorte Hass)
1 kleine Knoblauchzehe
Saft von 1 Zitrone
1 Msp. Chiliflocken
50 ml Vollmilch
Salz
frisch gemahlener schwarzer Pfeffer

Für den Heilbutt
500 g Heilbutt-Loins, ohne Haut
30 g Nussbutter (Tipp Seite 82)

Zum Anrichten
Fleur de Sel

Meerrettichmousse: Die Gelatine 10 Minuten in kaltem Wasser einweichen. Den Mascarpone, den Joghurt, den Meerrettich, den Zitronensaft, das Salz, den Pfeffer, den Zucker und den Cayennepfeffer in einer Rührschüssel verrühren. Das Eiweiß steif schlagen. Die gut ausgedrückte Gelatine mit der Milch in einem Topf lauwarm erwärmen, auflösen und unter die Mascarpone-Creme rühren. Den steifen Eischnee behutsam unterheben und die Masse in eine mit Frischhaltefolie ausgekleideten Auflaufform oder Schale geben. Die Form abdecken und die Mousse 3 Stunden im Kühlschrank fest werden lassen. Vor dem Servieren mit einem in heißes Wasser getauchten Esslöffel formschöne Nocken aus der Mousse stechen.

Zitrus-Buchweizen-Crunch: Den Buchweizen in einer Pfanne ohne Fett anrösten, bis er zu duften beginnt. Den Puderzucker einstreuen und den Buchweizen karamellisieren. Den Zitronenabrieb zugeben und untermischen. Den Buchweizen-Crunch auf Backpapier verteilen und abkühlen lassen. Vor dem Servieren zerbröseln.

Avocado-Mayo: Die Avocado halbieren, den Kern entfernen und das Fruchtfleisch auslösen. Den Knoblauch abziehen und halbieren. Das Avocadofruchtfleisch, den Knoblauch, den Zitronensaft, die Chiliflocken und die Milch in einem Standmixer fein pürieren. Mit Salz und Pfeffer würzig abschmecken, in einen Spritzbeutel umfüllen und kalt stellen.

Heilbutt: Das Wasserbad auf 50 °C vorheizen. Den Heilbutt mit der Nussbutter in einen Folienbeutel füllen, vakuumieren und 15 Minuten im Wasserbad garen. Vor dem Servieren den Heilbutt aus dem Vakuumbeutel nehmen und etwas abtropfen lassen.

Anrichten: Die Meerrettichmousse-Nocken auf die Teller verteilen. Den Heilbutt daneben anrichten und mit etwas Fleur de Sel bestreuen. Kleine Tupfen der Avocado-Mayo auf die Teller spritzen und mit dem Zitrus-Buchweizen-Crunch garnieren.

TIPP

Unter dem Begriff »Loin« versteht man einen speziellen Zuschnitt beim Fischfilet. Es handelt sich dabei um das Kernstück des Rückenfilets ohne die dünnen Bauchlappen.

WASABI-LACHS, MICRO LEAVES UND GRAPEFRUIT-CASHEW-VINAIGRETTE

Für 4 Personen – Sous-Vide-Garzeit: Lachsfilet 20 Min. bei 50 °C, gesamt: 30 Min.

Für den Wasabi-Lachs

1 TL Wasabi Paste
30 ml Olivenöl
600 g Lachs-Loin, ohne Haut

Für den Salat

3 EL Cashewkerne
1 Grapefruit
2 TL flüssiger Honig
1 EL Sojasauce
Salz
frisch gemahlener schwarzer Pfeffer
3 EL Olivenöl

Zum Anrichten

100 g Baby-Leaves-Salat

Wasabi-Lachs: Das Wasserbad auf 50 °C vorheizen. Die Wasabi-Paste und das Olivenöl verrühren und das Lachsfilet damit einpinseln. Den Fisch in einen Folienbeutel füllen, vakuumieren und 20 Minuten im Wasserbad garen. Den Lachs aus dem Vakuumbeutel nehmen, auf eine vorgewärmte Platte legen und in Stücke zupfen.

Grapefruit-Cashew-Vinaigrette: Die Cashewkerne grob hacken und in einer Pfanne ohne Fett anrösten. Anschließend zum Abkühlen beiseitestellen. Für die Vinaigrette den Saft der Grapefruit auspressen und mit dem Honig, der Sojasauce, etwas Salz und Pfeffer verrühren. Das Olivenöl mit einem Schneebesen unterschlagen und die Vinaigrette mit den Cashewkernen vermischen.

Anrichten: Die Baby Leaves frisch mit einer Schere abschneiden auf die Teller verteilen und vorsichtig vermischen. Den gezupften Lachs darauf anrichten und die Grapefruit-Cashew-Vinaigrette darüberträufeln. Mit frisch gemahlenem Pfeffer garnieren.

ASIA-FORELLENFILET MIT YUZU-CREME AUF GLASNUDELSALAT

Für 4 Personen – Sous-Vide-Garzeit: Forellenfilets 20 Min. bei 48 °C, gesamt: 30 Min.

Für die Asia-Forellenfilets

4 Forellenfilets mit Haut
75 ml Sojasauce
1 TL Tamarindenpaste
1 TL Ahornsirup
1 Msp. Chiliflocken

Für den Glasnudelsalat

100 g Glasnudeln
250 g Rotkohl
3 Frühlingszwiebeln
1 milde rote Chilischote
1 Bund Minze
2 EL geröstetes Sesamöl
Salz
frisch gemahlener schwarzer Pfeffer

Für die Yuzu-Creme

250 g griechischer Joghurt (10 % Fettgehalt)
150 g Kokospulver
50 ml Yuzu-Saft
1 TL flüssiger Honig
Salz

Asia Forellenfilets: Das Wasserbad auf 48 °C vorheizen. Die Forellenfilets mit der Sojasauce, der Tamarindenpaste, dem Ahornsirup und den Chiliflocken in einen Folienbeutel füllen, vakuumieren und 20 Minuten im Wasserbad garen. Vor dem Servieren die Forellenfilets aus dem Vakuumbeutel nehmen und etwas abtropfen lassen.

Glasnudelsalat: Die Glasnudeln in eine Schüssel geben, mit kochendem Wasser überbrühen und 5 Minuten ziehen lassen. Die Glasnudeln in ein Sieb gießen, abtropfen lassen und zurück in die Schüssel füllen. Den Rotkohl putzen, den Strunk entfernen und fein hobeln. Die Frühlingszwiebeln und die entkernte Chilischote in Ringe schneiden. Die Minze waschen, trocknen, die Blätter abzupfen und hacken. Alle Zutaten zu den Glasnudeln geben, mit Salz und Pfeffer würzen und gut vermischen.

Yuzu-Creme: Den Joghurt, das Kokospulver, den Yuzu-Saft und den Honig gut miteinander verrühren. Anschließend die Creme mit Salz abschmecken und kalt stellen.

Anrichten: Den Glasnudelsalat auf die Teller oder Schalen verteilen und die Forellenfilets daraufgeben. Die Yuzu-Creme in separate Schälchen füllen und dazustellen.

TRAMEZZINI MIT THUNFISCH, WACHTELEI UND AVOCADO-BOHNEN-CREME

Für 4 Personen – Sous-Vide-Garzeit: Thunfisch 25 Min. bei 46 °C, gesamt: 45 Min.

Für den Thunfisch
2 Scheiben Thunfischfilet (à 300 g)
50 ml Sojasauce
1 Msp. Chiliflocken
2 EL Olivenöl
Salz
frisch gemahlener schwarzer Pfeffer

Für die Avocado-Bohnen-Creme
1 Avocado (Sorte Hass)
100 g gegarte weiße Bohnenkerne (Konserve)
Saft von 1 Zitrone
50 ml Olivenöl
Salz
frisch gemahlener schwarzer Pfeffer

Für die Wachteleier
8 Wachteleier

Für die Tramezzini
4 Scheiben Tramezzini-Weißbrot

Zum Anrichten
Olivenöl zum Beträufeln
1 Bund Schnittlauch
frisch gemahlener schwarzer Pfeffer

Thunfisch: Das Wasserbad auf 46 °C vorheizen. Die Thunfischfilets mit der Sojasauce und den Chiliflocken nebeneinanderliegend in einen Folienbeutel füllen, vakuumieren und 25 Minuten im Wasserbad garen. Den Thunfisch behutsam aus dem Vakuumbeutel nehmen und abtropfen lassen. Das Olivenöl in einer Pfanne erhitzen und die Filets kurz von beiden Seiten anbraten. Mit Salz und Pfeffer würzen und in Scheiben schneiden.

Avocado-Bohnen-Creme: Die Avocado halbieren, den Kern entfernen und das Fruchtfleisch aus der Schale lösen. Das Avocadofruchtfleisch mit den gut abgetropften Bohnen, dem Zitronensaft und dem Olivenöl in einem Standmixer fein pürieren. Mit Salz und Pfeffer würzen.

Wachteleier: Die Wachteleier in kochendem Wasser in 4 Minuten hart kochen, abgießen und kalt abschrecken. Anschließend schälen und halbieren.

Tramezzini: Die Weißbrotscheiben halbieren und kurz in einer Grillpfanne rösten.

Anrichten: Die gegrillten Brotscheiben mit der Avocado-Bohnen-Creme bestreichen und die Thunfischscheiben darauf verteilen. Die Wachteleierhälften mit der Schnittfläche nach oben auf den Thunfisch setzen. Mit etwas Olivenöl beträufeln und mit den Schnittlauchröllchen und Pfeffer garnieren.

FORELLEN-CEVICHE MIT GEWÜRZTOMATEN UND GRISSINI

Für 4 Personen – Sous-Vide-Garzeit: Gewürztomaten 30 Min. bei 75 °C, gesamt: 1 Std.

Für die Grissini

150 g Weizenmehl Type 405
50 g Hartweizengrieß
1 TL Trockenhefe
30 ml Olivenöl
½ TL Salz

Für die Gewürztomaten

12 Kirschtomaten
50 ml Tomaten-Balsamessig
1 EL brauner Zucker
½ TL Koriandersamen
½ TL Szechuanpfeffer
½ TL Kardamomkapseln
½ Chilischote

Für die Forellen-Ceviche

4 Forellenfilets ohne Haut
2 rote Zwiebeln
1 Bund Koriander
½ Chilischote
Saft von 2 Limetten

Grissini: Das Mehl, den Grieß und die Trockenhefe mischen. Das Olivenöl, das Salz und 100 ml kaltes Wasser zugeben und alles zu einem glatten Teig verkneten. Auf einer bemehlten Arbeitsfläche den Teig 0,5 cm dick ausrollen. Mit einem Pizzaschneider lange, dünne Streifen schneiden und diese auf ein mit Backpapier ausgelegtes Backblech legen. Anschließend 20 Minuten abgedeckt gehen lassen und danach im auf 200 °C vorgeheizten Backofen (Ober-/Unterhitze) 15–18 Minuten backen. Anschließend abkühlen lassen.

Gewürztomaten: Das Wasserbad auf 75 °C vorheizen. Die Tomaten waschen und putzen. Dann die Tomaten mit dem Essig, dem Zucker den Gewürzen und der Chilischote in einen Folienbeutel füllen, vakuumieren und 30 Minuten im Wasserbad garen. Anschließend die Tomaten in eine vorgewärmte Schale umfüllen und die Gewürze entfernen.

Forellen-Ceviche: Die Forellenfilets in dünne Scheiben schneiden und in eine Schale geben. Die Zwiebeln abziehen und in feine Streifen schneiden. Den Koriander waschen, trocknen und die Blätter abzupfen. Die Chilischote waschen, entkernen und fein hacken. Die Zwiebeln, die Korianderblätter und die Chilischote zusammen mit dem Limettensaft zu den Forellenscheiben geben und alles gut vermischen.

Anrichten: Die Forellen-Ceviche in Schalen verteilen. Die Gewürztomaten daraufgeben und mit etwas Gewürzsud beträufeln. Die Grissini dazu servieren.

TIPP

Die Gewürztomaten am Vortag zubereiten und über Nacht gut durchziehen lassen. Sie halten sich im Kühlschrank etwa eine Woche

GRAVED-LACHS-PRALINEN AUF ROTEN BETEN UND PUMPERNICKELBRÖSELN

Für 4 Personen – Sous-Vide-Garzeit: Rote Bete 30 Min. bei 85 °C, gesamt: 50 Min. (+ 18 Std. beizen)

Für den Graved Lachs

600 g Lachsfilet ohne Haut
5 Stiele Dill
½ TL schwarze Senfkörner, gemörsert
1 EL Rohrohrzucker
1 TL grobes Meersalz
Schale von ½ unbehandelten Orange
2 EL Gin

Für die Rote Bete

2 Knollen Rote Bete
1 EL flüssiger Honig
2 EL Olivenöl
Salz

Für die Pumpernickelbrösel

2 Scheiben Pumpernickel
30 g Butter
Salz

Graved Lachs: Das Lachsfilet sorgfältig entgräten und in 3 × 3 cm große Würfeln schneiden. Den Dill waschen, trocknen und fein hacken. Den Dill, die Senfkörner, den Zucker, das Meersalz, die abgeriebene Orangenschale und den Gin in einer Schale vermischen. Die Lachswürfel dazugeben und gleichmäßig mit der Würzmischung bedecken. Dann den Fisch in einen Folienbeutel füllen, vakuumieren und 18 Stunden beizen. Anschließend die Lachswürfel aus dem Vakuumbeutel nehmen und abtupfen.

Rote Bete: Das Wasserbad auf 85 °C vorheizen. Die Bete gründlich waschen, schälen und in dünne Scheiben hobeln. (Mit Handschuhen arbeiten, da austretender Saft zu Hautverfärbungen führt.) Die Scheiben mit dem Honig, dem Olivenöl und etwas Salz in einen Folienbeutel füllen, vakuumieren und 30 Minuten im Wasserbad garen. Anschließend die Rote Bete aus dem Vakuumbeutel nehmen und dabei den Sud auffangen.

Pumpernickelbrösel: Den Pumpernickel im Standmixer nicht zu fein mahlen. Die Butter in einer Pfanne erhitzen und die Brotbrösel darin knusprig anrösten. Die Brösel mit Salz würzen und beiseitestellen.

Anrichten: Die Rote Bete mit dem Sud auf die vorgewärmten Teller verteilen. Die Lachswürfel darauf anrichten und mit den Pumpernickelbröseln bestreuen.

ZUPFLACHS AUF KARTOFFEL-SELLERIE-RÖSTI UND WILDKRÄUTERSALAT

Für 4 Personen – Sous-Vide-Garzeit: Lachsfilet 25 Min. bei 50 °C, gesamt: 35 Min. (+ 4 Std. marinieren)

Für den Zupflachs
20 ml Olivenöl
Schale von ½ unbehandelten Zitrone
1 TL Garam Masala
500 g Lachsfilet ohne Haut

Für die Kartoffel-Sellerie-Rösti
400 g festkochende Kartoffeln
400 g Knollensellerie
1 EL Speisestärke
Salz
frisch gemahlener schwarzer Pfeffer
4 EL Olivenöl

Für den Wildkräutersalat
150 g Wildkräuter (nach Saison)
2 EL Walnussöl
Salz

Zum Anrichten
Olivenöl
Fleur de Sel

Zupflachs: Das Olivenöl mit der abgeriebenen Zitronenschale und dem Garam Masala mischen und das Lachsfilet damit einpinseln. Das Lachsfilet in einen Folienbeutel füllen, vakuumieren und 4 Stunden marinieren. Das Wasserbad auf 50 °C vorheizen. Den vakuumierten Lachs 25 Minuten im Wasserbad garen. Anschließend den Lachs aus dem Vakuumbeutel nehmen, in eine vorgewärmte Auflaufform legen und mit zwei Gabeln in Stücke zupfen.

Kartoffel-Sellerie-Rösti: Die Kartoffeln und den Sellerie waschen, schälen und grob raspeln. Beides in eine Schüssel geben und die Speisestärke zufügen. Mit Salz und Pfeffer würzen und alles gut vermischen. Das Öl in einer Pfanne erhitzen und die Masse portionsweise (etwa 2 EL) in die Pfanne geben, etwas platt drücken und 4–5 Minuten bei mittlerer Hitze auf beiden Seiten goldbraun braten. Die Röstis bis zum Servieren warmhalten.

Wildkräutersalat: Die Wildkräuter verlesen, abbrausen und trockentupfen. Die Wildkräuter in eine Schüssel geben und mit dem Walnussöl und einer Prise Salz vermischen.

Anrichten: Die Rösti auf die vorgewärmten Teller verteilen. Den Wildkräutersalat und den Zupflachs darauf anrichten. Mit etwas Olivenöl beträufeln und mit Fleur de Sel bestreuen.

TIPP

Als kleiner Dip kann Schmand oder Sauerrahm, mit etwas Salz und frischem Zitronensaft gewürzt, zum Lachs serviert werden.

SCHWERTFISCH-TATAKI MIT AHORN-SOJA-LACK AUF SESAMCRACKERN UND BRUNNENKRESSE

Für 4 Personen – Sous-Vide-Garzeit: Schwertfischfilet 25 Min. bei 46 °C, gesamt: 1 Std.

Für das Tataki
2 EL Ahornsirup
50 ml Sojasauce
20 ml Fischsauce
Saft von 1 Limette
400 g Schwertfischfilet

Für die Sesamcracker
100 g weiße Sesamsaat
100 g Weizenmehl Type 405
1 TL gemahlene Kurkuma
1 Eiweiß
30 ml Olivenöl
½ TL Salz

Zum Anrichten
1 rote Zwiebel
100 g junge Brunnenkresse
150 g Creme fraîche
Salz
frisch gemahlener schwarzer Pfeffer

Tataki: Das Wasserbad auf 46 °C vorheizen. Den Ahornsirup mit der Sojasauce, der Fischsauce und dem Limettensaft in einen Topf geben, aufkochen und dickflüssig einkochen. Die abgekühlte Sauce und den Schwertfisch in einen Folienbeutel füllen, vakuumieren und 25 Minuten im Wasserbad garen. Vor dem Servieren den Fisch aus dem Vakuumbeutel nehmen, etwas abtropfen lassen und portionieren.

Sesamcracker: Den Backofen auf 180 °C Ober-/Unterhitze vorheizen. Die Sesamsaat in einer Pfanne ohne Fett anrösten und abkühlen lassen. Anschließend die geröstete Sesamsaat zusammen mit dem Mehl, der Kurkuma, dem Eiweiß, dem Olivenöl, dem Salz und 80 ml Wasser zu einem festen Teig verkneten. Den Teig auf der leicht bemehlten Arbeitsfläche dünn ausrollen und in 10 cm lange und 3 cm breite Streifen schneiden. Die Teigstreifen nebeneinander auf ein mit Backpapier ausgekleidetes Backblech legen und auf der untersten Schiene im Backofen 10 Minuten backen. Die Cracker abkühlen lassen.

Anrichten: Die Zwiebel abziehen und in dünne Spalten schneiden. Brunnenkresse waschen, trockentupfen und verlesen. Die Sesamcracker auf die Teller legen. Mit je 1 TL Creme fraîche bestreichen und den Schwertfisch darauflegen. Die Zwiebelstreifen und die Brunnenkresse darüberstreuen und mit Salz und Pfeffer würzen.

SCHWERTFISCH AUF ROTE-BETE-SALAT MIT ORANGENVINAIGRETTE UND BUNTEN SPROSSEN

Für 4 Personen – Sous-Vide-Garzeit: Rote Bete 1 Std. bei 85 °C, Schwertfischfilet 20 Min. bei 48 °C, gesamt: 1 Std. 40 Min.

Für den Rote-Bete-Salat

2 Knollen Rote Bete
1 EL flüssiger Honig
3 Zweige Thymian
20 g Butter
Salz
1 Schalotte
Saft von 2 Orangen
1 EL Zucker
2 EL Weißweinessig
3 EL Olivenöl

Für den Schwertfisch

2 Schwertfischsteaks (à 300 g)
1 Zimtstange
2 Sternanise
30 g Butter
Salz
frisch gemahlener schwarzer Pfeffer

Zum Anrichten

1 Handvoll bunte Sprossen (z. B. Rote Bete, Bockshornklee, Rucola)

Rote-Bete-Salat: Das Wasserbad auf 85 °C vorheizen. Die Rote Bete gründlich waschen, schälen und in 1 cm große Würfel schneiden. (Mit Handschuhen arbeiten, da austretender Saft zu Hautverfärbungen führt.) Die Gemüsewürfel mit dem Honig, dem Thymian, der Butter und ½ TL Salz in einen Folienbeutel füllen, vakuumieren und 1 Stunde im Wasserbad garen. Die vakuumierten Rote-Bete-Würfel abkühlen lassen. Die Schalotte abziehen und fein würfeln. Den Orangensaft mit der Schalotte, dem Zucker, dem Weißweinessig und zwei Prisen Salz in einen Topf geben und sämig einkochen. Das Olivenöl unterrühren. Die Rote-Bete-Würfel aus dem Vakuumbeutel nehmen, abtropfen lassen und in eine Schüssel geben, dabei die Kräuterzweige entfernen. Die Vinaigrette darübergießen und gut vermischen. Den Rote-Bete-Salat vor dem Servieren etwas durchziehen lassen.

Schwertfisch: Das Wasserbad auf 48 °C temperieren. Die Schwertfischsteaks mit der Zimtstange, dem Sternanis und der Butter in einen Folienbeutel füllen, vakuumieren und 20 Minuten im Wasserbad garen. Die Schwertfischsteaks aus dem Vakuumbeutel nehmen, etwas abtropfen lassen, dabei die Gewürze entfernen. Vor dem Servieren den Schwertfisch mit Salz und Pfeffer würzen und in Scheiben schneiden.

Anrichten: Den Rote-Bete-Salat mit der Marinade auf die Teller verteilen. Die Schwertfischtranchen daneben anrichten und mit den Sprossen garnieren.

MAKRELE IM THAI-SUD AUF SESAM-KAROTTEN-SALAT UND GERÖSTETE WEISSE BOHNEN

Für 4 Personen – Sous-Vide-Garzeit: Makrelenfilets 20 Min. bei 52 °C, gesamt: 1 Std.

Für die Sesam-Karotten

6 Karotten mit Grün
2 TL weiße Sesamsaat
1 EL Weißweinessig
½ TL Zucker
1 EL geröstetes Sesamöl
2 Prisen Salz
frisch gemahlener schwarzer Pfeffer

Für die gerösteten weißen Bohnen

250 g weiße Bohnen (Konserve)
2 EL Olivenöl
½ TL Koriandersamen, gemörsert
2 Prisen Piment d´Espelette (frz. Chilipulver)

Für die Makrele

4 Makrelenfilets mit Haut
1 Stängel Zitronengras
1 Chilischote
1 Knoblauchzehe
50 ml Gemüsefond (Glas)
1 Kaffir-Limettenblatt

Zum Anrichten

Olivenöl
3 EL Schnittlauchröllchen

Sesam-Karotten: Die Karotten waschen, schälen und längs in dünne Streifen hobeln. Mit der Sesamsaat, dem Essig, dem Zucker, dem Sesamöl, dem Salz und etwas Pfeffer in einen Folienbeutel füllen, vakuumieren und 1 Stunde marinieren. Vor dem Servieren die Karottenstreifen aus dem Vakuumbeutel nehmen und etwas abtropfen lassen.

Geröstete weiße Bohnen: Den Backofen auf 200 °C Ober-/Unterhitze vorheizen. Die Bohnen abspülen, trockentupfen und mit dem Olivenöl und den Gewürzen mischen. Die Bohnen auf einem mit Backpapier ausgekleideten Backblech ausbreiten und 20–30 Minuten im Backofen auf der untersten Schiene rösten. Währenddessen einmal wenden.

Makrele: Das Wasserbad auf 52 °C vorheizen. Die Makrelenfilets gegebenenfalls entgräten. Das Zitronengras in Stücke schneiden, die Chilischote halbieren und entkernen. Die Knoblauchzehe häuten und halbieren. Die Makrelenfilets mit dem Zitronengras, der Chilischote, dem Knoblauch, dem Fond und dem Kaffir-Limettenblatt in einen Folienbeutel füllen, vakuumieren und 20 Minuten im Wasserbad garen. Vor dem Servieren aus dem Vakuumbeutel nehmen, abtropfen lassen und die Kräuter entfernen.

Anrichten: Die Sesam-Karotten auf die vorgewärmten Teller verteilen. Die Makrelenfilets darauflegen und die gerösteten Bohnen darauf anrichten. Mit Salz und Pfeffer würzen, mit Olivenöl beträufeln und mit Schnittlauch bestreuen.

ANDALUSISCHER FISCHTOPF

Für 4 Personen – Sous-Vide-Garzeit: Fischtopf 20 Min. bei 60 °C, gesamt: 35 Min.

Für den andalusischen Fischtopf

1 Fenchelknolle
2 Zwiebeln
3 Knoblauchzehen
2 EL Olivenöl
8 rohe Riesengarnelen
200 g Seeteufelfilet
200 g Lachsfilet ohne Haut
300 g Kirschtomaten
1 Zweig Rosmarin
4 Zweige Thymian
1 TL edelsüßes Paprikapulver
1 TL Salz + etwas mehr zum Abschmecken
½ TL frisch gemahlener schwarzer Pfeffer
500 ml Fischfond

Für das Knoblauchbrot

2 Knoblauchzehen
8 Scheiben Weißbrot
30 g Butter

Andalusischer Fischtopf: Den Fenchel putzen und fein würfeln. Die Zwiebeln abziehen und ebenfalls würfeln. Die Knoblauchzehen abziehen und in feine Scheiben schneiden. Das Olivenöl in einer Pfanne erhitzen und den Fenchel, die Zwiebeln und den Knoblauch darin 5 Minuten anschwitzen.

Das Wasserbad auf 60 °C vorheizen. Die Garnelen schälen und entdarmen. Die Fischfilets in Würfel mit einer Kantenlänge von 3 cm schneiden. Die Tomaten halbieren. Die Kräuter waschen und trocknen. Die Rosmarinnadeln abzupfen und hacken, die Thymianblättchen abzupfen. Das angeschwitzte Gemüse, die Garnelen, die Fischwürfel, die Tomaten und die Kräuter zusammen mit den Gewürzen und dem Fischfond in einen Folienbeutel füllen, vakuumieren und 20 Minuten im Wasserbad garen. Vor dem Servieren den Vakuumbeutel in eine vorgewärmte Schüssel umfüllen und mit Salz und Pfeffer abschmecken

Knoblauchbrot: Die Knoblauchzehen abziehen und halbieren. Das Weißbrot mit der Schnittfläche der Knoblauchzehen gut einreiben und mit der Butter bestreichen. Eine Grillpfanne erhitzen und die Brotscheiben darin knusprig anrösten.

Anrichten: Den Fischtopf auf vorgewärmte tiefe Teller verteilen und mit dem gerösteten Knoblauchbrot servieren.

SCHELLFISCHRAGOUT MIT GURKEN-AVOCADO-SALAT

Für 4 Personen – Sous-Vide-Garzeit: Süßkartoffeln 30 Min. bei 85 °C, Schellfisch 20 Min. bei 62 °C, gesamt: 1 Std.

Für das Schellfischragout
500 g Süßkartoffeln
4 Stangen Staudensellerie
50 g Räucherspeck
700 ml Fischfond
500 g Schellfisch
100 g flüssige Sahne
1 Lorbeerblatt
2 Pimentkörner
75 ml trockener Weißwein
Salz
frisch gemahlener schwarzer Pfeffer
Cayennepfeffer
1 Bund glatte Petersilie
Saft von ½ Zitrone

Für den Gurkensalat
1 Salatgurke
1 Avocado (Sorte Hass)
Saft von 1 Zitrone
1 TL flüssiger Honig
2 EL Olivenöl
1 TL Schwarzkümmelsamen
Salz
frisch gemahlener schwarzer Pfeffer

Schellfischragout: Das Wasserbad auf 85 °C vorheizen. Die geschälten Süßkartoffeln und den geputzten Staudensellerie in Würfel mit einer Kantenlänge von 2 cm schneiden. Den Räucherspeck fein würfeln. Die Süßkartoffeln, den Staudensellerie, den Speck und 500 ml Fischfond in einen Folienbeutel füllen, vakuumieren und 30 Minuten im Wasserbad garen.

Das Wasserbad auf 62 °C temperieren. Den Fisch in Würfel mit einer Kantenlänge von 2 cm schneiden, mit der Sahne, dem Lorbeerblatt und den Pimentkörnern in einen Folienbeutel füllen, vakuumieren und 20 Minuten im Wasserbad garen.

Den Weißwein mit dem restlichen Fischfond (200 ml) aufkochen, 10 Minuten köcheln lassen und mit Salz, Pfeffer und Cayennepfeffer würzen. Die vakuumierte Schellfisch-Sahne-Mischung und die vakuumierte Gemüsemischung aus den Vakuumbeuteln in die Weißweinsauce geben. Die Petersilie waschen, trocknen, die Blätter abzupfen und fein hacken. Die Petersilie zusammen mit etwas Zitronensaft zum Fischragout geben und behutsam mischen.

Gurkensalat: Die Gurke waschen, schälen, längs halbieren und entkernen. Die Avocado halbieren, entkernen und das Fruchtfleisch mit einem Esslöffel aus den Schalen heben. Die Gurke und das Avocadofruchtfleisch in kleine Würfel schneiden und in einer Schüssel mischen. Aus dem Zitronensaft, dem Honig, dem Olivenöl, dem Schwarzkümmel, Salz und Pfeffer eine Marinade herstellen und unter den Gurkensalat mischen.

Anrichten: Das Schellfischragout in angewärmten tiefen Tellern anrichten. Den Gurkensalat in separaten Schälchen dazustellen.

LINSENCURRY MIT GEBEIZTEN LACHS-SATÉS

Für 4 Personen – Sous-Vide-Garzeit: Linsen 1 Std. 30 Min. bei 85 °C,
gesamt: 1 Std. 50 Min. (+ 2 Std. beizen)

Für das Linsencurry
400 g gelbe Linsen
200 ml Gemüsefond (Glas)
200 ml Kokosmilch
2 EL Sesamöl
2 TL gelbe Currypaste
2 Prisen Salz
1 TL Ahornsirup

Für die Lachs-Satés
600 g Lachsfilet ohne Haut
1 Bund Dill
abgeriebene Schale von 1 unbehandelten Zitrone
2 EL brauner Zucker
1 EL grobes Meersalz
Holz- oder Bambusspieße

Zum Anrichten
1 Bund Frühlingszwiebeln
1 Bund Koriander
1 EL weiße Sesamsaat

Linsencurry: Die Linsen für 6 Stunden in kaltem Wasser einweichen. Das Wasserbad auf 85 °C vorheizen. Die Linsen abgießen und abspülen. Anschließend mit dem Gemüsefond, der Kokosmilch, dem Sesamöl, der Currypaste, dem Salz und dem Ahornsirup in einen Folienbeutel füllen, gut vermischen, vakuumieren und 1 ½ Stunden im Wasserbad garen. Anschließend das Linsencurry in eine vorgewärmte Schüssel umfüllen.

Lachs-Satés: Den Lachs trockentupfen und in 1 cm dicke Scheiben schneiden. Den Dill waschen, trocknen und fein hacken. Die Zitronenschale, den Dill, den Zucker und das Salz mischen und den Lachs damit bestreuen. Die Lachsscheiben flach nebeneinanderliegend in einen Folienbeutel füllen, vakuumieren und 2 Stunden beizen. Die Lachsstreifen aus dem Vakuumbeutel nehmen, trockentupfen und wellenartig auf Holzspieße stecken.

Anrichten: Die Frühlingszwiebeln putzen und in Ringe schneiden, den Koriander waschen, trocknen und abzupfen. Das Linsencurry mit den Frühlingszwiebeln auf vorgewärmte tiefe Schalen verteilen und mit dem Koriander bestreuen. Die Lachs-Satés auf den Schalen anrichten und mit der Sesamsaat bestreut servieren.

SUSHI-BOWL MIT LACHS, INGWER-KÜRBIS, GURKE UND MANGO

Für 4 Personen – Sous-Vide-Garzeit: Kürbis 45 Min. bei 85 °C, Lachsfilet 15 Min. bei 50 °C, gesamt: 1 Std. 15 Min.

Für den Sushi-Reis
400 g Sushi-Reis
3 EL Reisessig
1 TL Salz
3 TL Zucker

Für den Ingwer-Kürbis
50 g frischer Ingwer
300 g Hokkaido-Kürbis
25 ml Reisessig
1 EL Zucker
1 TL Koriandersamen, gemörsert
½ TL Salz

Für den Lachs
400 g Lachsfilet ohne Haut
40 g Olivenöl

Zum Anrichten
1 Salatgurke
1 Mango
1 Bund frischer Koriander, Blätter abgezupft
2 TL Schwarzkümmelsamen

Sushi-Reis: Den Reis 30 Minuten in kaltem Wasser einweichen, dabei zweimal das Wasser wechseln. Anschließend durch ein Sieb gießen. Den Reis zusammen mit 400 ml Wasser in einem Topf geben und abgedeckt bei kleinster Temperatur 10 Minuten erwärmen. Anschließend 10 Minuten auf höchster Temperatur kochen, danach 10 Minuten abgedeckt beiseitestellen. Für den Sushi-Zu (Sushi-Essig) den Reisessig mit dem Salz und dem Zucker einmal aufkochen. Den Reis in eine flache Schale geben, mit einem Kunststoffspatel auflockern und den Sushi-Zu behutsam unterheben. Den Reis dabei nicht rühren, sondern wenden. Mit einem sauberen Küchentuch abgedeckt warmhalten.

Ingwer-Kürbis: Das Wasserbad auf 85 °C vorheizen. Den Ingwer schälen und grob raspeln. Den Kürbis in Würfel mit einer Kantenlänge von 1 cm schneiden. Den Kürbis und den Ingwer mit dem Reisessig, dem Zucker, dem Koriander und dem Salz in einen Folienbeutel füllen, vakuumieren und 45 Minuten im Wasserbad garen, anschließend abkühlen lassen.

Lachs: Das Wasserbad auf 50 °C temperieren. Den Lachs mit dem Olivenöl in einen Folienbeutel füllen, vakuumieren und 15 Minuten im Wasserbad garen. Den Lachs vor dem Servieren aus dem Vakuumbeutel nehmen, abtropfen lassen und portionieren.

Anrichten: Die Gurke waschen, schälen und fein würfeln. Die Mango schälen, das Fruchtfleisch in Scheiben vom Kern schneiden und fein würfeln. Den Reis in vorgewärmte Schalen verteilen. Den Lachs, den Ingwer-Kürbis, die Gurke und die Mango darauf verteilen. Anschließend mit den Korianderblättern und dem Schwarzkümmel bestreuen.

SPARGELBOUILLABAISSE

Für 4 Personen – Sous-Vide-Garzeit: Spargel 25 Min. bei 85 °C, Heilbutt 15 Min. bei 50 °C, gesamt: 50 Min.

Für den Sud
1 Stange Lauch
2 Knoblauchzehen
2 Schalotten
12 Stangen weißer Spargel
3 EL Olivenöl
10 Safranfäden
600 ml Fischfond (Glas)

Für den Heilbutt
400 g Heilbuttfilet ohne Haut
20 ml Olivenöl
1 breiter Schalenstreifen von 1 unbehandelten Orange
2 Gewürznelken
1 Lorbeerblatt

Für die Basilikum-Creme
1 Bund Basilikum
2 Knoblauchzehen
100 ml Vollmilch
250 ml Rapsöl
Salz
frisch gemahlener schwarzer Pfeffer
Saft von ½ Zitrone

Baguette
8 Scheiben Baguette
1 EL Olivenöl

Garnelen
8 rohe Garnelen
1 EL Olivenöl
Salz
frisch gemahlener schwarzer Pfeffer

Sud: Das Wasserbad auf 85 °C vorheizen. Den Lauch waschen, putzen und in Ringe schneiden. Den Knoblauch abziehen und hacken. Die Schalotten abziehen und würfeln. Den Spargel schälen und in etwa 2 cm lange Stücke schneiden. Das Öl in einem Topf erhitzen und Lauch, Schalotten, Knoblauch und Safranfäden darin anschwitzen. Danach zusammen mit dem Spargel und dem Fischfond in einen Folienbeutel füllen, vakuumieren und 25 Minuten im Wasserbad garen. Anschließend in eine vorgewärmte Schüssel umfüllen.

Heilbutt: Das Wasserbad auf 50 °C vorheizen. Den Heilbutt in Würfel mit 2 cm Kantenlänge schneiden. Die Würfel mit Olivenöl, Orangenschale, Nelken und dem Lorbeerblatt in einen Folienbeutel füllen, vakuumieren und 15 Minuten im Wasserbad garen. Den Fisch aus dem Vakuumbeutel nehmen und warmhalten.

Basilikum-Creme: Das Basilikum waschen, trocknen und die Blätter abzupfen. Den Knoblauch abziehen und hacken. Die Basilikumblätter zusammen mit dem Knoblauch und der Milch in einen Standmixer füllen und fein pürieren. Währenddessen das Rapsöl langsam zulaufen lassen und weitermixen, bis eine cremige Mayonnaise entstanden ist. Mit Salz, Pfeffer und Zitronensaft abschmecken.

Baguette: Die Brotscheiben mit Olivenöl beträufeln, in einer Pfanne goldbraun rösten und beiseitestellen.

Garnelen: Die Garnelen schälen und entdarmen. Das Olivenöl in einer Pfanne erhitzen und die Garnelen etwa 2 Minuten braten. Mit Salz und Pfeffer würzen.

Anrichten: Die Bouillabaisse auf vorgewärmte tiefe Teller verteilen. Heilbutt und Garnelen darauf anrichten. Basilikum-Creme und Baguette dazu servieren.

WOLFSBARSCH IN BASILIKUM, LIMETTE UND INGWER AUF KOHLRABI-NUDELN

Für 4 Personen – Sous-Vide-Garzeit: Wolfsbarsch 18 Min. bei 56 °C, gesamt: 35 Min. (+ 3 Std. marinieren)

Für die Kohlrabi-Nudeln

2–3 kleine Kohlrabi
20 ml Olivenöl
2 Prisen Zucker
2–3 Prisen Salz

Für den Wolfsbarsch

20 g frischer Ingwer
1 unbehandelte Limette
4 Wolfsbarschfilets (à 180 g)
30 ml Olivenöl
5 Stängel Basilikum
Salz

Zum Anrichten

Mini-Basilikum
frisch gemahlener schwarzer Pfeffer

Kohlrabi-Nudeln: Den Kohlrabi waschen, schälen und mit dem Spiralschneider in dünne Nudeln schneiden. (Alternativ mit einem Sparschäler dünne Streifen abziehen.) Die Gemüsenudeln zusammen mit dem Olivenöl, dem Fond, Zucker und dem Salz in einen Folienbeutel füllen, vakuumieren und 3 Stunden marinieren. Anschließend die Kohlrabi-Nudeln in eine Schale umfüllen.

Wolfsbarsch: Das Wasserbad auf 56 °C vorheizen. Den Ingwer schälen und fein reiben. Die Limette in Scheiben schneiden. Die Wolfsbarschfilets zusammen mit dem Ingwer, den Limettenscheiben, dem Olivenöl und dem Basilikum in einen Folienbeutel füllen, vakuumieren und 18 Minuten im Wasserbad garen. Den Fisch vorsichtig aus dem Vakuumbeutel nehmen und die Kräuter entfernen.

Anrichten: Die Kohlrabi-Nudeln als Nest auf die Teller verteilen. Die Wolfsbarschfilets behutsam mit der Hautseite nach oben darauf anrichten. Die Haut abziehen und die Filets salzen. Mit Mini-Basilikum-Blättern und grob gemahlenem Pfeffer bestreut servieren.

KABELJAU IN SESAMÖL MIT BULGUR, ROSENKOHL UND PHYSALIS

Für 4 Personen – Sous-Vide-Garzeit: Physalis 10 Min. bei 85 °C, Rosenkohl 45 Min. bei 85 °C, Kabeljau 20 Min. bei 56 °C, gesamt: 1 Std. 30 Min.

Für den Rosenkohl

500 g Rosenkohl
2 Prisen frisch geriebene Muskatnuss
30 g Butter
½ TL Salz
100 ml Gemüsefond (Glas)

Für die Physalis

2 Schalen Physalis
1 Stange Zitronengras
Saft von ½ Limette

Für den Bulgur

200 g Bulgur
200 ml Gemüsebrühe (Glas)
1 EL Butter
Salz
frisch gemahlener schwarzer Pfeffer
3 Stängel Minze

Für den Kabeljau

4 Kabeljau-Loins mit Haut (à 180 g)
2 EL geröstetes Sesamöl
1 breiter Streifen unbehandelte Orangenschale

Zum Anrichten

Fleur de Sel

Rosenkohl: Das Wasserbad auf 85 °C vorheizen. Den Rosenkohl waschen, putzen und vierteln. Mit der Muskatnuss, der Butter, dem Salz und dem Fond in einen Folienbeutel füllen, vakuumieren und 45 Minuten im Wasserbad garen. Anschließend abkühlen lassen und beiseitestellen. Vor der Weiterverwendung den Rosenkohl aus dem Vakuumbeutel nehmen.

Physalis: Das Wasserbad auf 85 °C vorheizen. Die Physalis aus den Hüllen lösen, waschen und halbieren. Das Zitronengras mit dem Messerrücken etwas platt klopfen. Die Physalishälften mit dem Zitronengras und dem Limettensaft in einen Folienbeutel füllen, vakuumieren und 10 Minuten im Wasserbad garen. Anschließend abkühlen lassen und beiseitestellen. Vor der Weiterverwendung aus dem Vakuumbeutel nehmen und das Zitronengras entfernen.

Bulgur: Den Bulgur mit der Gemüsebrühe in einen Folienbeutel füllen, vakuumieren und 1 Stunde einweichen. Den Bulgur aus dem Vakuumbeutel nehmen. Die Butter in einer Pfanne erhitzen und den Bulgur darin anbraten. Den Rosenkohl (s. o.) zufügen und im Bulgur erwärmen. Mit Salz und Pfeffer würzen. Die Minze waschen, trocknen, die Blätter abzupfen und fein schneiden. Zusammen mit den Physalis (s. o.) unter den Bulgur mischen.

Kabeljau: Das Wasserbad auf 56 °C temperieren. Die Kabeljau-Loins mit dem Sesamöl und der Orangenschale in einen Folienbeutel füllen, vakuumieren und 20 Minuten im Wasserbad garen. Anschließend die Loins aus dem Vakuumbeutel nehmen und etwas abtropfen lassen.

Anrichten: Den Bulgur mit Rosenkohl und Physalis auf die vorgewärmten Teller verteilen. Die Kabeljaufilets mit der Fleischseite nach unten darauflegen und die Haut behutsam abziehen. Mit Fleur de Sel und Pfeffer würzen.

235

IN SALBEIÖL POCHIERTER HEILBUTT AUF BULGURSALAT

Für 4 Personen – Sous-Vide-Garzeit: Heilbutt 15 Min. bei 52 °C, gesamt: 1 Std. 45 Min.

Für den Bulgursalat

200 g Bulgur
300 ml Gemüsebrühe (Glas)
1 gelbe Paprikaschote
1 rote Zwiebel
1 Bund glatte Petersilie
2 EL Pinienkerne
2 EL Olivenöl
3 EL weißer Balsamico
1 EL grobkörniger Senf
Salz
frisch gemahlener schwarzer Pfeffer

Für den Heilbutt

4 Heilbuttfilets ohne Haut (à 200 g)
50 ml Olivenöl
3 Stängel frischer Salbei

Bulgursalat: Den Bulgur in eine Schüssel geben, mit der kochenden Gemüsebrühe übergießen und 30 Minuten abgedeckt quellen lassen. Die Paprikaschote waschen, entkernen und würfeln. Die Zwiebel abziehen und würfeln. Die Petersilie waschen, trockentupfen, die Blätter abzupfen und hacken. Die Pinienkerne in einer beschichteten Pfanne ohne Öl rösten. Die Paprika, die Zwiebel, die Petersilie, die Pinienkerne, das Olivenöl, den Essig und den Senf zum Bulgur geben. Mit Salz und Pfeffer würzen und den Salat gut vermischen.

Heilbutt: Das Wasserbad auf 52 °C vorheizen. Die Heilbuttfilets mit dem Olivenöl und dem Salbei nebeneinanderliegend in einen Folienbeutel füllen, vakuumieren und 15 Minuten im Wasserbad garen. Anschließend die Fischfilets vorsichtig aus dem Vakuumbeutel nehmen und dabei das Salbeiöl auffangen.

Anrichten: Den Bulgursalat auf die Teller verteilen und die Heilbuttfilets behutsam darauf anrichten. Mit etwas Salbeiöl beträufeln.

WOLFSBARSCH IN KARTOFFEL-TOMATEN-KRÄUTERSUD

Für 4 Personen – Sous-Vide-Garzeit: Kartoffeln 1 Std. bei 85 °C, Wolfsbarsch 20 Min. bei 56 °C, gesamt: 1 Std. 30 Min. (+ 2 Std. marinieren)

Für den Wolfsbarsch

8 Wolfsbarschfilets mit Haut (à 70 g)
20 ml Olivenöl
Schalenstreifen von ¼ unbehandelten Zitrone

Für den Kartoffel-Tomaten-Kräutersud

400 g mehligkochende Kartoffeln
6 Flaschentomaten (Sorte San Marzano)
1 Knoblauchzehe
2 Zweige Rosmarin
4 Zweige Thymian
4 Salbeiblätter
30 g Butter
200 ml Gemüsefond (Glas)
1 Bund glatte Petersilie
Salz
frisch gemahlener schwarzer Pfeffer

Zum Anrichten

Fleur de Sel
Olivenöl zum Beträufeln

Wolfsbarsch: Den Wolfsbarsch mit dem Olivenöl und der Zitronenschale in einen Folienbeutel füllen, vakuumieren und 2 Stunden marinieren. Das Wasserbad auf 56 °C vorheizen. Den vakuumierten Fisch 20 Minuten im Wasserbad garen. Anschließend die Wolfsbarschfilets aus dem Vakuumbeutel nehmen und etwas abtropfen lassen. Die Zitronenschale entfernen.

Kartoffel-Tomaten-Kräutersud: Das Wasserbad auf 85 °C vorheizen. Die Kartoffeln waschen, schälen und in Würfel mit einer Kantenlänge von 1 cm schneiden. Die Tomaten waschen, die Stielansätze entfernen und in Würfel mit einer Kantenlänge von 2 cm schneiden. Den Knoblauch schälen und in feine Scheiben schneiden. Die Kartoffel- und Tomatenwürfel mit den Knoblauchscheiben, dem Rosmarin, dem Thymian, den Salbeiblättern, der Butter und dem Gemüsefond in einen Folienbeutel füllen, vakuumieren und 1 Stunde im Wasserbad garen. Die Petersilie waschen, trockentupfen, die Blätter abzupfen und sehr fein hacken. Den Kartoffel-Tomaten-Sud aus dem Vakuumbeutel in eine vorgewärmte Schüssel umfüllen und die Kräuterzweige entfernen. Die Petersilie unterrühren und mit Salz und Pfeffer würzen.

Anrichten: Den Kartoffel-Tomaten-Kräutersud in vorgewärmten tiefen Tellern anrichten. Die Fischfilets mit der Fleischseite nach unten darauflegen, die Haut behutsam abziehen und den Fisch mit Fleur de Sel würzen. Etwas Olivenöl darüberträufeln und servieren.

KABELJAU MIT PARMASCHINKEN, DICKEN BOHNEN UND KRABBENBUTTER

Für 4 Personen – Sous-Vide-Garzeit: Kabeljau 20 Min. bei 56 °C, gesamt: 40 Min. (+ 2 Std. marinieren)

Für die Krabbenbutter

150 g gepulte Krabben
50 g Butter
1 TL Currypulver
3 Stängel Dill
Salz
frisch gemahlener schwarzer Pfeffer

Für den Kabeljau

4 Kabeljau-Loins ohne Haut (à 180 g)
4 Scheiben Parmaschinken
20 g Butter
1 EL Olivenöl
Salz
frisch gemahlener schwarzer Pfeffer

Für die dicken Bohnen

1 kg dicke Bohnen
Salz
2 Schalotten
1 EL Olivenöl
100 ml Gemüsefond (Glas)
frisch gemahlener schwarzer Pfeffer
2 EL kalte Butter

Krabbenbutter: Die Krabben zusammen mit der Butter und dem Currypuler in einen Folienbeutel füllen, vakuumieren und 2 Stunden marinieren. Das Wasserbad auf 56 °C vorheizen und die vakuumierte Krabbenbutter 20 Minuten darin garen. Anschließend die Krabbenbutter aus dem Vakuumbeutel in eine Schale streichen. Den Dill waschen, trocknen, die Blätter abzupfen und fein hacken. Abschließend den Dill unter die Krabbenbutter rühren und mit Salz und Pfeffer würzen.

Kabeljau: Das Wasserbad auf 56 °C vorheizen. Jedes Kabeljaufilet mit einer Scheibe Parmaschinken umwickeln. Die Filets zusammen mit der Butter in einen Folienbeutel füllen, vakuumieren und 20 Minuten im Wasserbad garen. Die Loins aus dem Vakuumbeutel nehmen und etwas abtropfen lassen. In einer Pfanne das Olivenöl erhitzen und die Loins darin kurz von beiden Seiten anbraten. Dann mit Salz und Pfeffer würzen.

Dicke Bohnen: Die Bohnen aus den Schoten palen und die dünnen Häute entfernen. Dann die Bohnen in kochendem, leicht gesalzenem Wasser 1 Minute blanchieren und in Eiswasser abschrecken. Die Schalotten abziehen und fein würfeln. Das Olivenöl in einem Topf erhitzen und die Bohnenkerne mit den Schalotten anschwitzen. Mit dem Gemüsefond aufgießen, salzen und pfeffern und abgedeckt bei mittlerer Temperatur 10 Minuten köcheln lassen. Zum Schluss die kalte Butter unterrühren.

Anrichten: Die Bohnen mit dem Sud auf die vorgewärmten Teller verteilen. Die Kabeljau-Loins darauflegen und die Krabbenbutter darüberträufeln.

SEETEUFEL IN ZITRONENGRASÖL GEGART, GRÜNE BOHNEN UND AJVAR

Für 4 Personen – Sous-Vide-Garzeit: Seeteufel 25 Min. bei 58 °C, gesamt: 1 Std. (+ 2 Std. marinieren)

Für den Seeteufel
600 g Seeteufelfilet
2 Stängel Zitronengras
50 ml Olivenöl
25 g Butter
Fleur de Sel

Für die Bohnen
500 g grüne Bohnen
Salz
1 Zwiebel
1 Knoblauchzehe
5 Zweige Thymian
3 EL Olivenöl
frisch gemahlener schwarzer Pfeffer

Für das Ajvar
6 rote Paprikaschoten
3 Zwiebeln
3 Knoblauchzehen
100 ml Olivenöl
100 ml Gemüsefond (Glas)
Saft von ½ Zitrone
1 TL Ahornsirup
1 TL Salz

Zum Anrichten
3 EL Schnittlauchröllchen

Seeteufel: Das Seeteufelfilet trockentupfen. Das Zitronengras in Ringe schneiden. Den Fisch zusammen mit dem Zitronengras und dem Öl in einen Folienbeutel füllen, vakuumieren und 2 Stunden marinieren. Das Wasserbad auf 58 °C vorheizen. Den vakuumierten Seeteufel 25 Minuten im Wasserbad garen.

Den Seeteufel aus dem Vakuumbeutel nehmen, gut abtropfen lassen und die Zitronengrasringe entfernen. Die Butter in einer Pfanne aufschäumen und den Fisch darin kurz rundum anbraten. Vor dem Servieren den Seeteufel in Tranchen schneiden und mit Fleur de Sel würzen.

Bohnen: Die Bohnen waschen, putzen und in 2 cm lange Stücke schneiden. Die Bohnenstücke anschließend in leicht gesalzenem kochendem Wasser blanchieren und in Eiswasser abkühlen. Die Zwiebel abziehen und würfeln. Den Knoblauch abziehen und hacken. Die gut abgetropften Bohnen mit dem Knoblauch, der Zwiebel, dem Thymian, dem Olivenöl, 1 TL Salz und etwas Pfeffer in einer Pfanne unter Wenden braun braten.

Ajvar: Die Paprikaschoten waschen, putzen und in Würfel schneiden. Die Zwiebel und den Knoblauch abziehen und fein würfeln. 2 EL Olivenöl in einer Pfanne erhitzen und die Paprikawürfel, die Zwiebeln und den Knoblauch darin anbraten. Die Gemüsebrühe angießen und das Gemüse offen weichkochen. Dabei den Fond verkochen lassen. Die gegarten Paprikawürfel in einen Standmixer umfüllen und mit dem restlichen Olivenöl, dem Zitronensaft, dem Ahornsirup und dem Salz pürieren.

Anrichten: Die Bohnen und das Ajvar auf die vorgewärmten Teller verteilen. Die Seeteufeltranchen darauf anrichten. Mit Schnittlauchröllchen garnieren.

KOMET
GERMANY
Sous-Vide
Professional
TEMP
TIME
MOD

ZANDERFILET AUF SPECK-KARTOFFEL-SALAT UND MEERRETTICH

Für 4 Personen – Sous-Vide-Garzeit: Kartoffeln 1 Std. 15 Min. bei 90 °C, Zanderfilet 20 Min. bei 58 °C, gesamt: 1 Std. 10 Min. (+ 12 Std. marinieren)

Für den Speck-Kartoffel-Salat

600 g mehligkochende Kartoffeln
2 Schalotten
200 ml Gemüsefond (Glas)
40 ml Weißweinessig
2 TL flüssiger Honig
2 TL mittelscharfer Senf
Salz
200 g Tiroler Speck, in Scheiben
1 EL Olivenöl
3 EL Schnittlauchröllchen
frisch gemahlener schwarzer Pfeffer

Für das Zanderfilet

4 Zanderfilets mit Haut (à 180 g)
Salz
20 ml Olivenöl
2 Zweige Thymian
1 Zweig Rosmarin

Zum Anrichten

3 cm frische Meerrettichwurzel

Speck-Kartoffelsalat: Das Wasserbad auf 90 °C vorheizen. Die Kartoffeln waschen, schälen und in 1 × 1 cm Würfel schneiden. Die Schalotten abziehen und fein würfeln. Die Kartoffelwürfel mit den Schalotten, dem Fond, dem Essig, dem Honig, dem Senf und 1 TL Salz in einen Folienbeutel füllen, vakuumieren und 75 Minuten im Wasserbad garen. Anschließend den Vakuumbeutel abkühlen lassen. Den Tiroler Speck in Streifen schneiden. In einer Pfanne das Olivenöl erhitzen und die Speckstreifen darin goldbraun und knusprig ausbraten. Den Kartoffelsalat aus dem Vakuumbeutel in eine Schüssel umfüllen. Vor dem Servieren den krossen Speck und den Schnittlauch untermischen und mit Salz und Pfeffer abschmecken.

Zanderfilet: Das Wasserbad auf 58 °C temperieren. Das Zanderfilet trockentupfen und leicht salzen. Die Fischfilets mit dem Olivenöl, dem Thymian und dem Rosmarin nebeneinanderliegend in einen Folienbeutel füllen, vakuumieren und 20 Minuten im Wasserbad garen. Anschließend den Fisch aus dem Vakuumbeutel nehmen und die Kräuterzweige entfernen.

Anrichten: Den Speck-Kartoffel-Salat auf die Teller verteilen und die Zanderfilets darauf anrichten. Den geschälten Meerrettich frisch über den Fisch hobeln.

MEERBARBENFILETS AUF KOKOSLINSEN UND SPINAT

Für 4 Personen – Sous-Vide-Garzeit: Linsen 1 Std. 30 Min. bei 85 °C, Meerbarbenfilets 20 Min. bei 60 °C, gesamt: 2 Std.

Für die Kokoslinsen
250 g gelbe Linsen
20 g frischer Ingwer
1 Stängel Zitronengras
150 ml Kokosmilch
100 ml Gemüsefond
1 Msp. Chiliflocken
Salz
frisch gemahlener schwarzer Pfeffer
3 EL Schnittlauchröllchen

Für die Meerbarbenfilets
8 Meerbarbenfilets (à 100 g)
½ Schote langer Pfeffer
30 g Butter
2 Zweige Thymian

Für den Spinat
250 g junger Spinat
2 Schalotten
1 Knoblauchzehe
20 g Butter
Salz
frisch geriebene Muskatnuss

Kokoslinsen: Die Linsen 2 Stunden in kaltem Wasser einweichen. Das Wasserbad auf 85 °C vorheizen. Den Ingwer schälen und in Scheiben schneiden. Das Zitronengras in Ringe schneiden. Die Linsen in ein Sieb umfüllen, mit kaltem Wasser abspülen und gut abtropfen lassen. Die Linsen mit der Kokosmilch, dem Gemüsefond, dem Ingwer, dem Zitronengras und den Chiliflocken in einen Folienbeutel füllen, vakuumieren und 1½ Stunden im Wasserbad garen. Anschließend die Kokoslinsen aus dem Vakuumbeutel in eine vorgewärmte Schüssel umfüllen. Mit Salz und Pfeffer würzen und die Schnittlauchröllchen unterrühren.

Meerbarbenfilets: Das Wasserbad auf 60 °C temperieren. Die Meerbarbenfilets trockentupfen und gegebenenfalls entgräten. Die Pfefferschote fein reiben. Die Fischfilets mit der Butter, dem Thymian und dem Pfeffer in einen Folienbeutel füllen, vakuumieren und 20 Minuten im Wasserbad garen. Vor dem Servieren aus dem Vakuumbeutel nehmen und etwas abtropfen lassen.

Spinat: Den Spinat putzen, waschen und gut abtropfen lassen. Die Schalotten und den Knoblauch abziehen und fein würfeln. Die Butter aufschäumen und die Schalotten und den Knoblauch darin anschwitzen. Mit Salz und Muskatnuss würzen. Die Spinatblätter zufügen und in der Schalottenbutter kurz wenden.

Anrichten: Die Kokoslinsen auf vorgewärmte tiefe Teller verteilen. Den Spinat und die Meerbarbenfilets darauf anrichten.

MEERES-FRÜCHTE

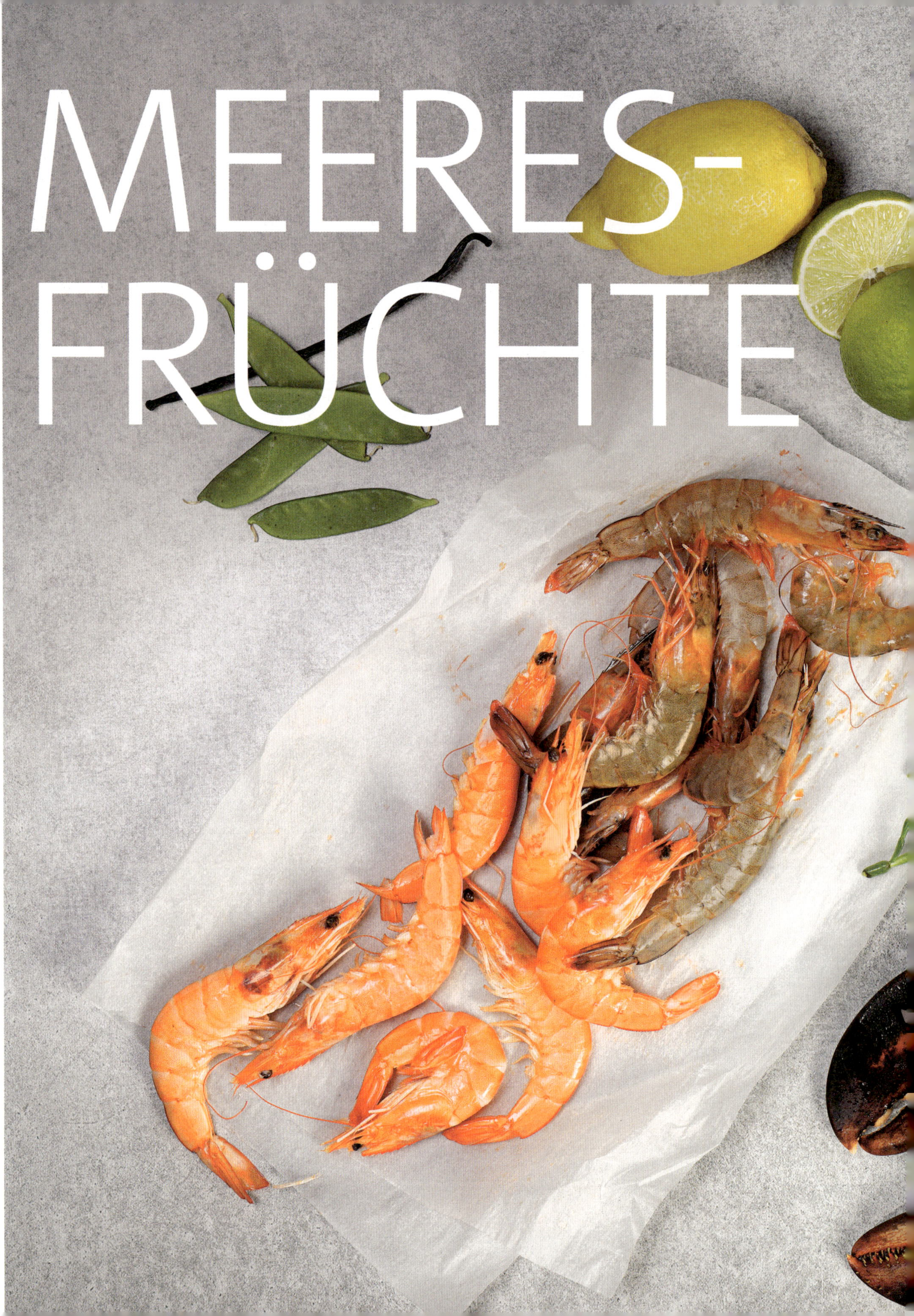

HUMMERSALAT MIT PANCETTABRÖSELN

Für 4 Personen – Sous-Vide-Garzeit: Hummerscheren 20 Min. und Hummerschwanz 30 Min. bei 58 °C, gesamt: 1 Std. 30 Min.

Für den Salat
1 Salatgurke
2 EL Weißweinessig
1 TL Ahornsirup
½ TL Salz
4 Stangen weißer Spargel
2 EL Yuzu-Saft
1 TL Rohrohrzucker

Für den Hummer
1 Bund Suppengemüse
2 Stängel Petersilie
2 lebende Hummer
2 Knoblauchzehen
40 g Butter
4 Zweige Thymian
Salz

Für die Pancettabrösel
10 Scheiben Pancetta
1 Scheibe trockenes Roggenmischbrot
2 EL Butter
frisch gemahlener schwarzer Pfeffer

Zum Anrichten
50 g kleine Rucolablätter, geputzt

Salat: Die Gurke waschen und klein würfeln. Die Gurkenwürfel mit dem Weißweinessig, dem Ahornsirup und dem Salz in einen Folienbeutel füllen, vakuumieren und 1 Stunde marinieren. Den Spargel putzen, schälen und in 1 cm lange Stücke schneiden. Die Spargelstücke mit dem Yuzu-Saft und dem Zucker in einen Folienbeutel füllen, vakuumieren und 1 Stunde marinieren. Die Gurken und den Spargel jeweils mit der Marinade aus den Vakuumbeuteln in eine Schüssel füllen und mischen.

Hummer: Das Suppengemüse putzen und in klein würfeln. In einem großen Topf ausreichend Wasser mit dem Suppengemüse und der Petersilie zum Kochen bringen. Die Hummer kopfüber nacheinander in das kochende Wasser tauchen und 1 Minute im sprudelnd kochenden Wasser garen, danach in Eiswasser abschrecken. Die Scheren und die Schwänze abtrennen und das Fleisch auslösen. Das Wasserbad auf 58 °C vorheizen. Den Knoblauch abziehen und halbieren. Das Fleisch der Scheren und Schwänze getrennt mit jeweils zwei Knoblauchhälften, der Hälfte der Butter, den Thymianzweigen und etwas Salz in zwei Folienbeutel füllen, vakuumieren und die Scheren 20 Minuten und die Schwänze 30 Minuten im Wasserbad garen. Vor dem Servieren das Fleisch aus den Vakuumbeuteln nehmen und etwas abtropfen lassen.

Pancettabrösel: Den Pancetta würfeln. Das Brot im Mixer grob zermahlen. Die Butter in einer Pfanne aufschäumen und den Pancetta und das Brot darin kross anbraten. Mit Pfeffer würzen und beiseitestellen.

Anrichten: Den Salat auf den Tellern anrichten und den Hummer und die Rucolablätter darauf anrichten. Die Pancettabrösel darüberstreuen.

TERIYAKI-GARNELEN AUF RADIESCHENSALAT UND PESTO

Für 4 Personen – Sous-Vide-Garzeit: Garnelen 25 Min. bei 56 °C, gesamt: 45 Min.

Für die Teriyaki-Garnelen
1 kg rohe Riesengarnelen
20 g frischer Ingwer
50 ml Sojasauce
50 ml Sake (jap. Reiswein, im Asia-Laden erhältlich)
50 g flüssiger Honig

Für den Radieschensalat
3 Bund Radieschen
2 Prisen Salz

Für das Pesto
30 g Cashewkerne
75 ml Olivenöl
Saft von ½ Zitrone
30 g Parmesan, frisch gerieben
Salz
frisch gemahlener schwarzer Pfeffer

Teriyaki-Garnelen: Das Wasserbad auf 56 °C vorheizen. Die Garnelen schälen und entdarmen. Den Ingwer schälen und hacken. Die Sojasauce mit dem Ingwer, dem Sake und dem Honig in einen Topf geben, aufkochen und bei niedriger Temperatur 5 Minuten köcheln lassen. Die Teriyaki-Sauce abkühlen lassen. Die Garnelen mit der Teriyaki-Sauce in einen Folienbeutel füllen, vakuumieren und 25 Minuten im Wasserbad garen. Die Garnelen aus dem Vakuumbeutel nehmen und dabei die Teriyaki-Sauce auffangen. Die Garnelen warmstellen. Die Teriyaki-Sauce in einer Pfanne dickflüssig einkochen und die Garnelen vor dem Servieren darin wenden.

Radieschensalat: Die Radieschen putzen und waschen, dabei eine Handvoll schöne Blätter für das Pesto (s. u.) beiseitelegen. Die Radieschen in feine Scheiben schneiden und mit dem Salz mischen. Die Radieschen in einen Folienbeutel füllen, vakuumieren und 15 Minuten ziehen lassen. Die vakuumierten Radieschenscheiben in eine Schüssel umfüllen. Vor dem Servieren die Hälfte des Pestos (s. u.) mit den marinierten Radieschen mischen.

Pesto: Die Cashewkerne in einer Pfanne ohne Fettzugabe anrösten und abkühlen lassen. Die beiseitegelegten Radieschenblätter mit den Cashewkernen, dem Olivenöl, dem Zitronensaft und dem Parmesan in einen Standmixer füllen und fein pürieren. Mit Salz und Pfeffer würzen.

Anrichten: Den Radieschensalat auf die Teller verteilen und die Garnelen darauf anrichten. Das restliche Pesto darüberträufeln.

STRAMMER MAX »DE LUXE« MIT JAKOBSMUSCHELN

Für 4 Personen – Sous-Vide-Garzeit: Jakobsmuscheln 10 Min. bei 48 °C, gesamt: 30 Min.

Für die Jakobsmuscheln

4 Jakobsmuscheln, küchenfertig
½ TL China Milky Oolong (milchbedampfter, halbfermentierter Grüner Tee)
20 g Butter
1 TL flüssiger Honig

Für das Brot

1 Knoblauchzehe
2 Scheiben Graubrot
20 g Butter

Für die Wachteleier

8 Wachteleier
1 EL Butter

Zum Anrichten

2 EL Schnittlauchröllchen
Fleur de Sel
frisch gemahlener schwarzer Pfeffer

Jakobsmuscheln: Das Wasserbad auf 48 °C vorheizen. Die Jakobsmuscheln mit dem Tee, der Butter und dem Honig in einen Folienbeutel füllen, vakuumieren und 10 Minuten im Wasserbad garen. Anschließend die Jakobsmuscheln aus dem Vakuumbeutel nehmen und gut abtropfen lassen. Eine Pfanne erhitzen, und die Jakobsmuscheln einige Sekunden von jeder Seite anbraten. Anschließend die Muscheln so halbieren, dass zwei Scheiben entstehen.

Brot: Die Knoblauchzehe halbieren. Die Brotscheiben mit der Schnittfläche des Knoblauchs einreiben und dünn mit Butter bestreichen. Eine Grillpfanne erhitzen und die Brotscheiben darin knusprig anbraten. Anschließend die Scheiben vierteln.

Für die Wachteleier: Die Wachteleier in eine kalte, mit Butter ausgestrichene Pfanne aufschlagen, dabei darauf achten, dass das Eigelb intakt bleibt. Bei mittlerer Temperatur langsam Spiegeleier braten, sodass das Eiweiß gestockt, das Eigelb aber noch flüssig ist.

Anrichten: Die Brotscheiben auf die Teller verteilen. Die Jakobsmuschelhälften darauf verteilen und jeweils ein Wachtelspiegelei darauf anrichten. Mit den Schnittlauchröllchen, Fleur de Sel und Pfeffer bestreuen.

GARNELEN-BOWL MIT KICHERERBSEN, GRANATAPFEL UND FELDSALAT

Für 4 Personen – Sous-Vide-Garzeit: Seeteufel 25 Min. bei 58 °C, gesamt: 30 Min. (+ 2 Std. marinieren)

Für die Kichererbsen

250 g gegarte Kichererbsen (Konserve)
2 EL Weißweinessig
2 EL Olivenöl
2 cm Vanilleschote
½ TL schwarze Pfefferkörner, gemörsert

Für die Garnelen

12 rohe Riesengarnelen
½ TL Ras el-Hanout (nordafrikanische Gewürzmischung)
30 ml Olivenöl

Für den Feldsalat

150 g Feldsalat
Saft von ½ Limette
1 TL flüssiger Honig
1 TL mittelscharfer Senf
2 EL Olivenöl
2 Prisen Salz
frisch gemahlener schwarzer Pfeffer

Für den Granatapfel

1 Granatapfel

Kichererbsen: Die Kichererbsen gut abtropfen lassen und dem Essig, dem Olivenöl, der Vanilleschote und den Pfefferkörnern in eine Folienbeutel füllen, vakuumieren und 2 Stunden marinieren. Vor dem Servieren die Kichererbsen aus dem Vakuumbeutel nehmen. Die Vanilleschote entfernen.

Garnelen: Das Wasserbad auf 56 °C temperieren. Die Garnelen schälen und entdarmen. Anschließend mit dem Ras el-Hanout und dem Olivenöl in einen Folienbeutel füllen, vakuumieren und 20 Minuten im Wasserbad garen.

Feldsalat: Den Feldsalat putzen, waschen und trockenschleudern. Den Limettensaft, den Honig, den Senf, das Olivenöl, das Salz und etwas Pfeffer verrühren und den Feldsalat damit marinieren.

Granantapfel: Den Granatapfel aufschneiden und die Kernen herauslösen, dabei alle weißen Anteile sorgfältig entfernen.

Anrichten: Die Kichererbsen mit dem Feldsalat in Bowls anrichten. Die Garnelen und die Granatapfelkerne auf dem Salat verteilen und servieren.

GEFÜLLTE CALAMARETTI AUF APFEL-GURKEN-SALAT

Für 4 Personen – Sous-Vide-Garzeit: Calamaretti 25 Min. bei 65 °C, gesamt: 40 Min.

Für die gefüllten Calamaretti

1 Scheibe Toastbrot
4 EL Olivenöl
1 Schalotte
1 Knoblauchzehe
1 Chilischote
1 kleine rote Paprikaschote
Salz
frisch gemahlener schwarzer Pfeffer
1 Eigelb
12 küchenfertige Calamaretti

Für Apfel-Gurken-Salat

1 Salatgurke
1 Apfel (Granny Smith)
1 TL Wasabi-Paste
2 EL Reisessig
1 EL Ahornsirup
2 EL Erdnussöl
Salz
frisch gemahlener schwarzer Pfeffer
1 Bund frischer Koriander

Gefüllte Calamaretti: Das Wasserbad auf 65 °C vorheizen. Das Toastbrot in kleine Würfel schneiden. In einer Pfanne 2 EL Olivenöl erhitzen und die Würfel darin knusprig braten. Die Schalotte abziehen und fein würfeln. Den Knoblauch abziehen und fein hacken. Die Chilischote waschen, entkernen und fein hacken. Die Paprikaschote waschen, entkernen und fein würfeln. Das restliche Öl (2 EL) in einer Pfanne erhitzen, die Schalotte, den Knoblauch, die Chilischote und die Paprikaschote darin anschwitzen und mit Salz und Pfeffer würzen. Alles in eine Schüssel umfüllen und die Brotwürfel und das Eigelb zugeben. Die Füllung gut vermischen und die Calamaretti damit füllen. Die gefüllten Calamaretti mit Frischhaltefolie umwickeln und die Enden fest verdrehen. Die Päckchen in einen Folienbeutel füllen, vakuumieren und 25 Minuten im Wasserbad garen. Anschließend die Päckchen aus dem Vakuumbeutel nehmen und die Frischhaltefolie entfernen.

Apfel-Gurken-Salat: Die Gurke waschen, schälen und längs halbieren. Das Kerngehäuse mit einem Löffel auskratzen, das verbleibende Fruchtfleisch klein würfeln und in eine Schüssel geben. Den Apfel waschen, schälen, entkernen und das Fruchtfleisch klein würfeln. Die Apfelwürfel zur Gurke geben. Das Wasabi, den Reisessig, den Ahornsirup und das Erdnussöl hinzufügen, mit Salz und Pfeffer würzen und alles gut vermischen. Den Koriander abbrausen, trockentupfen und die Blätter abzupfen. Die Hälfte fein hacken und unter den Salat mischen. Den Rest zum Anrichten beiseitelegen.

Anrichten: Den Gurkensalat auf einer Platte verteilen. Die Calamaretti darauflegen und mit dem beiseitegelegten Koriander bestreut servieren.

GEFÜLLTE PIMIENTOS DE PADRÓN

Für 4 Personen – Sous-Vide-Garzeit: Pimientos 20 Min. bei 56 °C, gesamt: 30 Min.

Für die gefüllten Pimientos de Padrón

1 Knoblauchzehe
150 g Garnelen, küchenfertig
½ TL edelsüßes Paprikapulver
1 TL Tomatenmark
1 EL Creme fraîche
Salz
frisch gemahlener schwarzer Pfeffer
1 EL Semmelbrösel
20 Pimientos de Padrón
20 ml Olivenöl
Salz
frisch gemahlener schwarzer Pfeffer

Zum Anrichten

grobes Meersalz

Gefüllte Pimientos de Padrón: Das Wasserbad auf 56 °C vorheizen. Den Knoblauch abziehen. Die Garnelen mit dem Knoblauch, dem Paprikapulver, dem Tomatenmark und der Creme fraîche im Standmixer pürieren. Die Masse mit Salz und Pfeffer würzen und die Semmelbrösel untermischen. Die Pimientos waschen, den Stil herausdrehen und die Schoten entkernen. Die vorbereiteten Schoten mit der Garnelenmasse füllen. Die gefüllten Pimientos nebeneinanderliegend mit dem Olivenöl in einen Folienbeutel füllen, vakuumieren und 20 Minuten im Wasserbad garen. Anschließend die Pimientos aus dem Vakuumbeutel nehmen und etwas abtropfen lassen. Vor dem Servieren die gefüllten Pimientos mit dem Bunsenbrenner abflämmen.

Anrichten: Die gefüllten Pimientos de Padrón auf einer Platte anrichten und mit grobem Meersalz bestreuen.

EISMEERGARNELEN AUF GRÜNEM SPARGEL

Für 4 Personen – Sous-Vide-Garzeit: Eismeergarnelen 15 Min. bei 56 °C, gesamt: 30 Min.

Für die Eismeergarnelen

1 Knoblauchzehe
2 EL Tomatenmark
100 g Joghurt (3,5 % Fettgehalt)
Saft von ½ Zitrone
1 TL Zucker
1 Knoblauchzehe
Salz
frisch gemahlener schwarzer Pfeffer
250 g rohe Eismeergarnelen

Grüner Spargel

1 Bund grüner Spargel
2 EL Olivenöl
Salz
frisch gemahlener schwarzer Pfeffer

Eismeergarnelen: Das Wasserbad auf 56 °C vorheizen. Den Knoblauch abziehen und fein hacken. Das Tomatenmark mit dem Joghurt, dem Zitronensaft, dem Zucker und Knoblauch verrühren. Die Sauce mit etwas Salz und Pfeffer würzen. Die Eismeergarnelen mit der Sauce in einen Folienbeutel füllen, vakuumieren und 15 Minuten im Wasserbad garen. Anschließend den Inhalt des Vakuumbeutels in eine vorgewärmte Schale umfüllen.

Grüner Spargel: Den Spargel im unteren Drittel schälen und mit Olivenöl einstreichen. Eine Grillpfanne erhitzen und den Spargeld darin bissfest braten. Vor dem Servieren mit Salz und Pfeffer würzen

Anrichten: Die Spargelstangen auf vorgewärmte Teller verteilen. Die Eismeergarnelen mit der Sauce darauf anrichten. Mit grob gemahlenem Pfeffer bestreut servieren.

RIESENGARNELEN IN ZITRONENGRAS-KOKOS-SUD

Für 4 Personen – Sous-Vide-Garzeit: Garnelen 20 Min. bei 56 °C, gesamt: 40 Min.

Für die Garnelen

16 rohe Riesengarnelen
2 Stangen Zitronengras
1 Chilischote
20 g frischer Ingwer
2 Kaffir-Limettenblätter
200 ml Gemüsefond (Glas)
200 ml Kokosmilch
2 Karotten
1 dünne Stange Lauch
Salz
frisch gemahlener schwarzer Pfeffer

Für den Basmati-Reis

200 g Basmati-Reis
½ TL Salz

Garnelen: Das Wasserbad auf 56 °C vorheizen. Die Garnelen schälen und entdarmen. Das Zitronengras in Stücke schneiden. Die Chilischote waschen, entkernen und hacken. Den Ingwer schälen und in Scheiben schneiden. Die Garnelen mit dem Zitronengras, der Chilischote, den Ingwerscheiben, den Kaffir-Limettenblättern, dem Gemüsefond und der Kokosmilch in einen Folienbeutel füllen, vakuumieren und 20 Minuten im Wasserbad garen. Die Garnelen aus dem Vakuumbeutel in ein Sieb gießen und gut abtropfen lassen, den Sud dabei auffangen. Die Garnelen beiseitestellen. Die Karotten waschen, schälen und in dünne Stifte schneiden. Den Lauch putzen, waschen und in dünne Ringe schneiden. Den Sud in einen Topf gießen und aufkochen. Die Gemüsestreifen zugeben und 3–5 Minuten darin garen. Mit Salz und Pfeffer würzen. Anschließend die Garnelen zugeben und erwärmen.

Basmati-Reis: Den Reis in einem Sieb mit kaltem Wasser waschen und mit 300 ml Wasser und dem Salz zum Kochen bringen. Auf kleinster Temperatur abgedeckt entsprechend der Packungsangabe (etwa 15–17 Minuten) ausquellen lassen.

Anrichten: Den Reis in Bowls füllen und die Garnelen zusammen mit dem Zitronengras-Kokos-Sud und dem Gemüse darin anrichten.

SCHARFE LINSENBOWL MIT JAKOBSMUSCHELN, TOMATEN UND KORIANDER

Für 4 Personen – Sous-Vide-Garzeit: Garnelen 20 Min. bei 56 °C, Jakobsmuscheln 25 Min. bei 50 °C, gesamt: 2 Std. 35 Min.

Für die Linsen

250 g Beluga-Linsen
1 Chilischote
20 g frischer Ingwer
½ TL Koriandersamen, gemörsert
300 ml Gemüsefond (Glas)

Für die Jakobsmuscheln

8 Jakobsmuscheln, küchenfertig ausgelöst
Schale von ¼ unbehandelten Zitrone
30 ml Olivenöl + etwas zum Bepinseln
Salz
frisch gemahlener schwarzer Pfeffer

Zum Anrichten

500 g Kirschtomaten, halbiert
1 Bund frischer Koriander, Blätter abgezupft

Linsen: Die Linsen 2 Stunden in kaltem Wasser einweichen und anschließend abgießen. Das Wasserbad auf 85 °C vorheizen. Die Chilischote entkernen und fein hacken. Den Ingwer schälen und ebenfalls hacken. Die Linsen mit der Chilischote, dem Ingwer, dem Koriander und dem Fond in einen Folienbeutel füllen, vakuumieren und 2 Stunden im Wasserbad garen. Anschließend abkühlen.

Jakobsmuscheln: Das Wasserbad auf 50 °C temperieren. Das Muschelfleisch mit einem breiten Streifen Zitronenschale und 30 ml Olivenöl in einen Folienbeutel füllen, vakuumieren und 25 Minuten im Wasserbad garen. Die Jakobsmuscheln aus dem Vakuumbeutel nehmen, abtupfen und mit Olivenöl bestreichen. Eine Grillpfanne erhitzen und die Jakobsmuscheln darin von jeder Seite 15 Sekunden grillen. Mit Salz und Pfeffer würzen.

Anrichten: Die Linsen mit dem Sud, den Kirschtomaten und dem Koriander in Bowls verteilen. Die Jakobsmuscheln darauflegen und servieren.

TIPP

Die Kirschtomaten sollten möglichst klein sein. Nach Belieben auch gelbe, orange oder grüne Tomatensorten wählen.

CALAMARETTI ALL'AMATRICIANA

Für 4 Personen – Sous-Vide-Garzeit: Calamaretti 4 Std. bei 75 °C, gesamt: 4 Std.

Für die Calamaretti all'Amatriciana

4 Strauchtomaten
12 Calamaretti (kleine Tintenfische), küchenfertig
50 g entsteinte, grüne Oliven
50 g geräucherter Schinken
2 TL Kapern
4 Zweige Thymian
30 ml Olivenöl
100 ml Gemüsefond (Glas)
1 Bund glatte Petersilie
Salz
frisch gemahlener schwarzer Pfeffer

Zum Anrichten

einige Scheiben dunkles Brot

Calamaretti all'Amatriciana: Das Wasserbad auf 75 °C vorheizen. Die Tomaten waschen, den Stielansatz herausschneiden und das Fruchtfleisch würfeln. Die Calamaretti-Tuben von den Tentakeln trennen. Die Tuben in 1 cm breite Streifen schneiden. Die Tentakel und die Tubenstreifen zusammen mit den Tomatenwürfeln, den Oliven, dem fein gewürfelten Schinken, den Kapern, dem Thymian, dem Olivenöl und dem Gemüsefond in eine Folienbeutel füllen, vakuumieren und 4 Stunden im Wasserbad garen.

Anschließend den Inhalt des Vakuumbeutels in eine vorgewärmte Schüssel umfüllen und die Kräuterzweige entfernen. Die Petersilie waschen, trockentupfen und die Blätter abzupfen. Die Blätter hacken und unter die Calamaretti mischen. Mit Salz und Pfeffer würzen.

Anrichten: Die Calamaretti all'Amatriciana auf die vorgewärmten Teller verteilen und mit dunklem Brot servieren.

HUMMER IN GEWÜRZBUTTER MIT LAUCH, INGWER UND DILL

Für 4 Personen – Sous-Vide-Garzeit: Hummer 20 Min. bei 62 °C, gesamt: 50 Min.

Für den Hummer

2 lebende Hummer
2 TL lose Earl-Grey-Schwarzteemischung
80 g Butter
½ TL Tellicherry-Pfeffer, gemörsert
Salz
frisch gemahlener schwarzer Pfeffer

Für den Lauch

2 Stangen Lauch
30 g frischer Ingwer
3 EL Olivenöl
Saft von ½ Zitrone
Salz
frisch gemahlener schwarzer Pfeffer
5 Stängel Dill

Zum Anrichten

einige Stängel Dill

Hummer: Das Wasserbad auf 62 °C vorheizen. Die Hummer wie im Rezept auf Seite 250 vorbereiten und ausbrechen. Die Hummerscheren und -schwänze zusammen mit der Teemischung, der Butter und dem Tellicherry-Pfeffer in einen Folienbeutel füllen, vakuumieren und 20 Minuten im Wasserbad garen. Das Hummerfleisch aus dem Vakuumbeutel nehmen und abtropfen lassen, dabei die Gewürzbutter auffangen. Die Hummerschwänze in Stücke schneiden. Die Gewürzbutter in einer Pfanne erhitzen und die Hummerfleischstücke darin kurz erhitzen. Mit Salz und Pfeffer würzen.

Lauch: Den Lauch putzen, waschen und in Streifen schneiden. Den Ingwer schälen und grob raspeln. Das Olivenöl in einer Pfanne erhitzen und den Ingwer darin anbraten. Den Lauch zugeben und ebenfalls anbraten. Mit dem Zitronensaft ablöschen und mit Salz und Pfeffer würzen. Den Dill waschen, trockentupfen und die fein geschnittenen Blätter unter den Lauch mischen.

Anrichten: Den Lauch auf vorgewärmte Teller verteilen und den Hummer darauf anrichten. Die Gewürzbutter darüberträufeln und mit feinen Dillstängeln garnieren.

PASTA MIT GARNELEN, ROTEM PESTO UND BASILIKUM

Für 4 Personen – Sous-Vide-Garzeit: Garnelen 20 Min. bei 56 °C, gesamt: 30 Min.

Für das rote Pesto

60 g Walnusskerne
1 kleine Knoblauchzehe
100 g getrocknete Tomaten, in Öl eingelegt
1 TL Kräuter der Provence
50 g Parmesan, frisch gerieben
100 ml Olivenöl

Für die Garnelenpasta

16 rohe Garnelen
500 g Muschelpasta oder Pasta nach Wahl
Salz

Zum Anrichten

Salz
frisch gemahlener schwarzer Pfeffer
2 Schalen Basilikumkresse
oder 8 Stängel Mini-Basilikum

Pesto: Die Walnusskerne halbieren. Den Knoblauch abziehen. Die Walnusskernen, den Knoblauch, die abgetropften Tomaten, die Kräuter, den Parmesan und das Olivenöl in einen Standmixer füllen und pürieren. Anschließend in eine Schale umfüllen und beiseitestellen.

Garnelen: Das Wasserbad auf 56 °C vorheizen. Die Schalen und Därme der Garnelen entfernen. Anschließend die Garnelen mit 2 EL des roten Pestos (s. o.) in einen Folienbeutel füllen, vakuumieren und 20 Minuten im Wasserbad garen.

Die Pasta entsprechend der Packungsangabe in kochendem, leicht gesalzenem Wasser »al dente« garen. Anschließend abgießen und in einer vorgewärmten Schüssel mit dem Inhalt des Vakuumbeutels mischen.

Anrichten: Die Garnelenpasta auf vorgewärmte, tiefe Teller verteilen. Etwas Pesto darüberträufeln und den Rest in einer separaten Schale dazustellen. Mit Salz und Pfeffer würzen und mit reichlich Basilikumkresse oder Mini-Basilikum bestreut servieren.

PULPO VOM GRILL, KRÄUTERÖL UND GEGRILLTEN TOMATEN

Für 4 Personen – Sous-Vide-Garzeit: Pulpo 8 Std. bei 75 °C, gesamt: 8 Std. 20 Min. (+ über Nacht durchziehen lassen)

Für den Pulpo
1 frischer Pulpo (etwa 800 g)
1 Knoblauchzehe
4 Salbeiblätter
Schale von ¼ unbehandelten Zitrone
50 g Olivenöl

Für das Kräuteröl
3 Knoblauchzehen
½ Bund glatte Petersilie
200 ml Pflanzenöl
1 Bund Schnittlauch
Salz
frisch gemahlener schwarzer Pfeffer
Saft von ½ Zitrone

Für die Tomaten
4 Tomaten
30 ml Olivenöl
Fleur de Sel

Zum Anrichten
Brot oder Baguette

Pulpo: Das Wasserbad auf 75 °C vorheizen. Den Pulpo waschen und trockentupfen. Die Tentakel voneinander trennen, den Schnabel dabei entfernen. Die Knoblauchzehe abziehen und halbieren. Die Tentakel mit dem Knoblauch, den Salbeiblättern, einem Stück Zitronenschale und dem Olivenöl in einen Folienbeutel füllen, vakuumieren und 8 Stunden im Wasserbad garen. Anschließend abkühlen und über Nacht im Vakuum durchziehen lassen. Den Grill auf direkte starke Hitze (250 °C) vorheizen. Den Pulpo aus dem Vakuumbeutel nehmen, gut abtropfen lassen und auf dem Grill 2–3 Minuten grillen. Vor dem Servieren in Stücke schneiden.

Kräuteröl: Den Knoblauch abziehen und grob hacken. Die Petersilie waschen, gut trockentupfen, die Blätter abzupfen und grob hacken. Den Knoblauch und die Petersilie mit dem Öl in einen hohen Mixbecher geben. Mit einem Stabmixer langsam von unten nach oben ziehend die Mischung pürieren, bis sie homogen und cremig ist. Den Schnittlauch waschen, trocknen und in Röllchen schneiden. Die Röllchen zusammen mit etwas Salz, Pfeffer und Zitronensaft zufügen und gut untermischen. Bis zum Gebrauch kaltstellen.

Tomaten: Den Grill auf direkte starke Hitze (220 °C) vorheizen. Die Tomaten waschen, quer halbieren und mit dem Olivenöl bestreichen. Die Tomatenhälften mit der Schnittfläche nach oben auf den Grillrost legen und 1–2 Minuten grillen. Mit Fleur de Sel würzen.

Anrichten: Die Pulpotranchen mit den Tomaten und dem Kräuteröl auf die vorgewärmten Teller verteilen. Mit Brot oder Baguette servieren.

DESSERT

LIMETTEN-CHEESECAKE MIT MANGO

Für 4 Personen – Sous-Vide-Garzeit: Cheesecake 1 Std. bei 85 °C,
gesamt: 1 Std. 15 Min. (+ über Nacht abkühlen)

Für den Cheesecake

250 g Doppelrahmfrischkäse
250 g Mascarpone
50 g Zucker
2 Eier
Saft und Schale von 1 unbehandelten Limette
2 Prisen Salz
8 Haferkekse
4 Sturzgläser (à 300 ml) mit Gummiring, Glasdeckel und Schnappverschlüssen

Für das Mangoragout

1 Mango
50 ml trockener Weißwein
50 g Zucker
2 cm Vanilleschote
2 Stängel frische Zitronenmelisse

Zum Anrichten

2 Stängel frische Zitronenmelisse, Blätter abgezupft

Cheesecake: Das Wasserbad auf 85 °C vorheizen. Den Frischkäse mit dem Mascarpone, dem Zucker, den Eiern, dem Saft und der abgeriebenen Schale der Limette und dem Salz verrühren. Die Haferkekse in einen Folienbeutel füllen und mithilfe eines Fleischklopfers zerbröseln. Den Boden der vorbereiteten Gläser mit den zerbröselten Haferkeksen ausstreuen. Die Mascarpone-Creme darauffüllen und glatt streichen. Die Gläser mit Gummiring, Glasdeckel und Schnappverschlüssen verschließen, in Folienbeutel füllen, vakuumieren und im Wasserbad 1 Stunde garen. Die Cheesecakes aus dem Wasserbad nehmen und über Nacht abkühlen lassen.

Mangoragout: Die Mango schälen und das Fruchtfleisch würfeln. Den Weißwein mit dem Zucker, der aufgeschlitzten Vanilleschote und der Zitronenmelisse 5 Minuten aufkochen. Die Mangowürfel mit dem Weinsud in Folienbeutel füllen, vakuumieren und 1 Stunde marinieren. Vor dem Servieren die Mangowürfel aus dem Vakuumbeutel nehmen und die Vanilleschote und die Zitronenmelisse entfernen.

Anrichten: Die Gläser öffnen, das Mangoragout darüber verteilen und mit Melisseblättern garnieren.

TIPP

Für kleinere Portionen die Menge auf acht luftdicht verschließbare Portionsgläser (à 150 ml Inhalt) verteilen und 45 Minuten garen.

APRIKOSEN-GALETTE MIT VANILLEEIS

Für 4 Personen – Sous-Vide-Garzeit: Aprikosen 20 Min. bei 65 °C, Vanilleeismasse 30 Min. bei 80 °C, gesamt: 1 Std. 15 Min.

Für die Aprikosen

12 Aprikosen
25 ml Ahornsirup
3 Stück Sternanis
Saft von ½ Zitrone

Für die Buchweizenpfannkuchen

100 g Buchweizenmehl
50 g Weizenmehl Type 405
1 Prise Salz
Butter zum Braten

Für das Vanilleeis

1 Vanilleschote
200 g flüssige Sahne
200 ml Vollmilch
1 Ei
50 g Zucker
2 Eigelb

Zum Anrichten

Puderzucker zum Bestauben

Aprikosen: Das Wasserbad auf 65 °C vorheizen. Die Aprikosen waschen, halbieren und entsteinen. Mit dem Sirup, dem Sternanis und dem Zitronensaft in einen Folienbeutel füllen, vakuumieren und 20 Minuten im Wasserbad garen. Den Vakuumbeutel zum Abkühlen beiseitelegen. Vor dem Servieren in eine Schale umfüllen und den Sternanis entfernen.

Buchweizenpfannkuchen: Das Buchweizenmehl mit dem Weizenmehl, dem Salz und 350 ml Wasser verrühren. Anschließend 10 Minuten quellen lassen. Dann eine Pfanne dünn mit Butter ausstreichen und erhitzen. Etwas Teig hineingeben und dünn ausstreichen. Von beiden Seiten goldbraun braten und beiseitelegen. Mit dem restlichen Teig ebenso verfahren. Es werden acht Pfannkuchen benötigt.

Vanilleeis: Das Wasserbad auf 80 °C temperieren. Die Vanilleschote längs aufschneiden und das Mark auskratzen. Das Vanillemark, die Vanilleschote, die Sahne, die Milch, das Ei, das Eigelb und den Zucker vermischen, in einen Folienbeutel füllen, vakuumieren und 30 Minuten im Wasserbad erwärmen. Die Eisgrundmasse abkühlen lassen und durch ein Sieb passieren. Den Inhalt des Vakuumbeutels in eine Eismaschine umfüllen und entsprechend der Gebrauchsanweisung ein cremiges Eis herstellen. Alternativ die Eisgrundmasse in eine Form füllen und diese im Gefrierschrank einfrieren. Dabei in den ersten Stunden mehrmals kräftig umrühren. Rechtzeitig vor dem Servieren das Eis aus dem Gefrierschrank nehmen und etwas antauen lassen.

Anrichten: Die Galettes mit den Aprikosen füllen, die Seiten darüberschlagen und mit je einer Kugel Vanilleeis anrichten. Mit Puderzucker bestauben und servieren.

EXOTISCHER RUMTOPF MIT VANILLEEIS

Für 4 Personen – Sous-Vide-Garzeit: Früchte 20 Min. bei 75 °C, Eismasse 30 Min. bei 80 °C, gesamt: 1 Std. (+ 2 Tage marinieren)

Für den Rumtopf
1 reife Mango
1 feste Papaya
1 reife Baby-Ananas
1 Schale Physalis
100 g Zucker
100 ml weißer Rum

Für das Vanilleeis
1 Vanilleschote
200 g flüssige Sahne
200 ml Vollmilch
3 Eigelb
50 g Zucker

Rumtopf: Das Wasserbad auf 75 °C vorheizen. Die Mango, die Papaya und die Ananas schälen. Das Fruchtfleisch der Mango in Scheiben vom Kern schneiden und würfeln. Den Strunk der Ananas entfernen und das Fruchtfleisch ebenso würfeln. Die Papaya halbieren, entkernen und würfeln. Die Physalis aus den Hüllen lösen, waschen und halbieren. Das Obst mit dem Zucker und dem Rum in einen Folienbeutel füllen, vakuumieren und 20 Minuten im Wasserbad garen. Die Rumtopffrüchte abkühlen und 2 Tage durchziehen lassen.

Vanilleeis: Das Wasserbad auf 80 °C temperieren. Die Vanilleschote längs aufschneiden und das Mark auskratzen. Das Vanillemark, die Vanilleschote, die Sahne, die Milch, das Eigelb und den Zucker vermischen, in einen Folienbeutel füllen, vakuumieren und 30 Minuten im Wasserbad erwärmen. Die Eisgrundmasse abkühlen lassen und durch ein Sieb passieren. Den Inhalt des Vakuumbeutels in eine Eismaschine umfüllen und entsprechend der Gebrauchsanweisung ein cremiges Eis herstellen. Alternativ die Eisgrundmasse in eine Form füllen und diese im Gefrierschrank einfrieren. Dabei in den ersten Stunden mehrmals kräftig umrühren. Rechtzeitig vor dem Servieren das Eis aus dem Gefrierschrank nehmen und etwas antauen lassen.

Anrichten: Die Rumtopffrüchte in Schalen verteilen und mit je einer Nocke Vanilleeis servieren.

NEKTARINEN MIT ZITRONENTHYMIAN, PISTAZIENEIS UND SCHOKO-CRUMBLE

Für 4 Personen – Sous-Vide-Garzeit: Nektarinen 15 Min. bei 75 °C, Eismasse 30 Min. bei 80 °C, gesamt: 1 Std. 10 Min.

Für die Nektarinen
4 Nektarinen
4 Zweige Zitronenthymian
2 EL Ahornsirup

Für das Pistazieneis
150 g Pistazienkerne (Premiumqualität)
200 ml Vollmilch
3 Eigelb
200 g flüssige Sahne
50 g Zucker

Für den Schoko-Crumble
50 g Weizenmehl Type 405
50 g Buchweizenmehl
5 g Backkakaopulver
50 g Butter
40 g brauner Zucker
2 Prisen Fleur de Sel

Nektarinen: Das Wasserbad auf 75 °C vorheizen. Die Nektarinen waschen, halbieren, entsteinen und nebeneinanderliegend mit dem Zitronenthymian und dem Ahornsirup in einen Folienbeutel füllen, vakuumieren und 15 Minuten im Wasserbad garen. Anschließend zum Abkühlen beiseitelegen. Vor dem Servieren die Nektarinen aus dem Vakuumbeutel nehmen, etwas abtropfen lassen und die Kräuter entfernen.

Pistazieneis: Das Wasserbad auf 80 °C vorheizen. Die Pistazienkerne mit der Milch in einem Hochleistungsmixer auf höchster Stufe pürieren. Dann das Eigelb, die Sahne und den Zucker zugeben und gut vermischen.

Die Mischung gegebenenfalls durch ein Sieb passieren, anschließend in einen Folienbeutel füllen, vakuumieren und 30 Minuten im Wasserbad erwärmen. Die Eisgrundmasse abkühlen lassen. Den Inhalt des Vakuumbeutels in eine Eismaschine umfüllen und entsprechend der Gebrauchsanweisung ein cremiges Eis herstellen. Alternativ die Eisgrundmasse in eine Form füllen und diese im Gefrierschrank einfrieren. Dabei in den ersten Stunden mehrmals kräftig umrühren. Rechtzeitig vor dem Servieren das Eis aus dem Gefrierschrank nehmen und etwas antauen lassen.

Schoko-Crumble: Den Backofen auf 200 °C Ober-/Unterhitze (180 °C Umluft) vorheizen. Das Weizenmehl mit dem Buchweizenmehl, dem Kakaopulver, der Butter, dem braunen Zucker und dem Salz rasch zwischen den Fingern zu Streuseln verreiben und diese auf einem mit Backpapier ausgelegtem Backblech verteilen. Den Crumble 10 Minuten auf der mittleren Schiene backen und anschließend abkühlen lassen.

Anrichten: Die Nektarinenhälften auf die Teller verteilen und eine Kugel Pistazieneis daneben anrichten. Mit dem Schoko-Crumble bestreuen.

KÜRBISKERN-CREME MIT MANGORAGOUT

Für 4 Personen – Sous-Vide-Garzeit: Creme 40 Min. bei 80 °C, gesamt: 50 Min. (+ über Nacht abkühlen)

Für die Kürbiskern-Creme
50 g Kürbiskerne
2 EL Kürbiskernöl
200 ml Vollmilch
200 g Sahne
3 Eier
1 Prise Salz
60 g Zucker
4 Sturzgläser (à 200 ml) mit Gummiring, Glasdeckel und Schnappverschlüssen

Für das Mangoragout
1 reife Mango
1 EL Ahornsirup
1 Zimtstange
2 Gewürznelken
2 Sternanise
½ Vanilleschote
50 ml trockener Weißwein

Außerdem
Minze zum Garnieren

Kürbiskern-Creme: Das Wasserbad auf 80 °C vorheizen. Die Kürbiskerne mit dem Öl, der Milch, der Sahne, den Eiern, dem Salz und dem Zucker in einen Standmixer füllen und fein pürieren. Die Masse in vier Weckgläser füllen, mit Gummiring, Glasdeckel und Verschlussklips verschließen, in Folienbeutel füllen, vakuumieren und 40 Minuten im Wasserbad garen. Die Creme abkühlen lassen und über Nacht im Kühlschrank fest werden lassen. Die Creme 15 Minuten vor dem Servieren aus dem Kühlschrank nehmen.

Mangoragout: Die Mango schälen, das Fruchtfleisch links und rechts vom Stein in Scheiben abschneiden und würfeln. Die Mangowürfel zusammen mit dem Sirup, den Gewürzen, der Vanilleschote und dem Wein in einen Folienbeutel füllen, vakuumieren und über Nacht marinieren.

Anrichten: Den Deckel abnehmen und das Mangoragout daraufgeben. Mit Minzblättchen garnieren.

LEBKUCHENBROWNIE MIT GIN-KUMQUATS

Für 4 Personen – Sous-Vide-Garzeit: Kumquats 30 Min. bei 65 °C, gesamt: 50 Min. (+ über Nacht marinieren)

Für die Kumquats
16 Kumquats
50 g Zucker
1 Vanilleschote
30 ml Gin
100 ml frisch gepresster Orangensaft

Für den Brownie
150 g Zartbitterschokolade (60 % Kakaogehalt)
100 g weiche Butter
4 Eier
2 EL Vanillezucker
1 EL Lebkuchengewürz
1 Prise Salz
75 g Creme fraîche
100 g Weizenmehl Type 405
1 TL Backpulver
100 g Walnusskerne

Zum Anrichten
Puderzucker zum Bestauben
Minze zum Garnieren

Kumquats: Das Wasserbad auf 65 °C vorheizen. Die Kumquats waschen, halbieren und entkernen. Die Früchte zweimal in kochendem Wasser blanchieren und gut abtropfen lassen. Die Kumquats mit dem Zucker, der aufgeschlitzten Vanilleschote, dem Gin und dem Orangensaft in einen Folienbeutel füllen, vakuumieren und 30 Minuten im Wasserbad garen. Die Früchte abkühlen lassen und im Vakuumbeutel über Nacht durchziehen lassen. Vor dem Servieren den Inhalt des Vakuumbeutels in eine Schale umfüllen.

Brownie: Die Schokolade grob hacken und zusammen mit der Butter in einer Schüssel über einem heißen Wasserbad schmelzen. Die Eier mit dem Vanillezucker, dem Lebkuchengewürz und dem Salz in der Küchenmaschine 5 Minuten cremig aufschlagen. Die Creme fraîche und die flüssige Schokoladenbutter unterrühren. Das Mehl mit dem Backpulver mischen und zusammen mit den grob gehackten Walnüssen unterheben. Den Teig in eine mit Backpapier ausgelegte Backform mit hohem Rand (etwa 20 × 30 cm) gießen und im auf 160° C (Ober-/Unterhitze) vorgeheizten Backofen 20–25 Minuten backen. Den Brownie auskühlen lassen und vor dem Servieren in Würfel schneiden.

Anrichten: Die Brownie-Würfel auf die Teller verteilen und mit Puderzucker bestauben. Die Gin-Kumquats darauf anrichten und mit dem Sud tränken. Mit Minze garnieren.

PFIRSICHTARTE MIT WHISKY-CREME

Für 4 Personen – Sous-Vide-Garzeit: Pfirsiche 10 Min. bei 75 °C, gesamt: 40 Min. (+ 2 Std. Kühlen)

Für die Whisky-Creme
200 ml Vollmilch
200 g flüssige Sahne
50 g Doppelrahmfrischkäse
1 EL flüssiger Honig
2 EL Whisky

Für den Boden
100 g Zartbitterschokolade
5 EL gepuffte Quinoa
1 EL Pflanzenöl

Für die Pfirsiche
2 reife Pfirsiche
200 ml Weißwein (Riesling)
2 EL brauner Zucker
½ Vanilleschote

Für die Minze
8 Stängel Minze

Whisky-Creme: Die Milch mit der Sahne, dem Frischkäse, dem Honig und dem Whisky glattrühren und durch ein feines Sieb passieren. Danach die Masse in eine Espumaflasche (0,5 l) füllen. Eine Sahnekapsel aufdrehen, kräftig schütteln und 2 Stunden kalt stellen.

Boden: Das Wasserbad auf 75 °C vorheizen. Die Schokolade in einen Folienbeutel füllen, vakuumieren und 5 Minuten im Wasserbad schmelzen. Den Vakuumbeutel anschließend gut abtrocknen, aufschneiden und die Quinoa-Pops zugeben. Den Beutel gegebenenfalls nochmals vakuumieren und den Inhalt gut vermischen. Vier Dessertringe (6–7 cm Durchmesser) auf ein mit Backpapier ausgekleidetes Blech stellen. Die Ringe innen einölen, die Schokomasse gleichmäßig darin verteilen und dann kalt stellen.

Pfirsiche: Das Wasserbad auf 75 °C vorheizen. Die Pfirsiche waschen, halbieren, entsteinen und würfeln. Den Riesling, den Zucker, die mit einem spitzen Messer längs halbierte Vanilleschote und das ausgekratzte Mark in einen Topf geben, aufkochen und 10 Minuten einkochen lassen. Den Sud mit den Pfirsichwürfeln in einen Folienbeutel füllen, vakuumieren und 10 Minuten im Wasserbad garen. Anschließend die Pfirsichwürfel zum Abkühlen beiseitelegen. Die Pfirsiche aus dem Vakuumbeutel in ein Sieb gießen und den abtropfenden Sud in einem Topf auffangen. Die Pfirsichwürfel beiseitestellen. Den Sud dickflüssig einkochen. Dann die Vanilleschote entfernen und die Pfirsichwürfel in den Sud mischen.

Minze: Die Minze waschen, trockentupfen und in der Mikrowelle etwa 20 Sekunden bei höchster Stufe trocknen. Die getrockneten Blätter im Mörser fein mahlen.

Anrichten: Die Böden mit einem spitzen Messer von der Wand lösen und wieder in die Dessertringe einsetzen. Als erste Schicht die gewürfelten Pfirsiche einfüllen und die Whisky-Creme aufspritzen. Die Törtchen auf die Teller setzen, die Dessertringe vorsichtig abziehen und mit dem Minzestaub garnieren.

ZITRONEN-CRÈME-CARAMEL MIT HEIDELBEEREN

Für 4 Personen – Sous-Vide-Garzeit: Creme 1 Std. bei 80 °C, gesamt: 1 Std. 10 Min. (+ über Nacht kühlen)

Für die Zitronen-Crème-Caramel

110 g Zucker
abgeriebene Schale und Saft von 1 unbehandelten Zitrone
etwas Butter für die Gläser
200 ml Vollmilch
200 g flüssige Sahne
2 Eier
1 Eigelb
4 Sturzgläser (à 200 ml) mit Gummiring, Glasdeckel und Schnappverschlüssen

Für die Heidelbeeren

250 g Heidelbeeren
2 Kardamomkapseln, gemörsert
1 EL flüssiger Honig

Außerdem

3 Stängel Mini-Basilikum

Zitronen-Crème-Caramel: Für den Karamell 80 g Zucker und 2 EL Wasser in einem breiten Topf schmelzen. Mit 3 EL Zitronensaft ablöschen und köcheln lassen, bis ein goldgelber Karamell entstanden ist.

Das Wasserbad auf 80 °C vorheizen. Die Sturzgläser mit Butter einfetten. Den Karamell in die Förmchen verteilen. Für die Creme den restlichen Zucker (30 g), die Milch, die Sahne, die Eier, das Eigelb und die Zitronenschale verrühren und auf den Karamell gießen. Die Sturzgläser mit den Gummiringen, Deckeln und Schnappverschlüssen verschließen, in einen Folienbeutel füllen, vakuumieren und 1 Stunde im Wasserbad garen. Die Creme in den Sturzgläsern über Nacht im Kühlschrank abkühlen lassen.

Heidelbeeren: Die Heidelbeeren mit dem Kardamom und dem Honig in einen Folienbeutel füllen, vakuumieren und 30 Minuten ziehen lassen.

Anrichten: Die Zitronen-Crème-Caramel vorsichtig mit einem spitzen Messer von der Glaswand trennen. Einen Teller auf die Glasöffnung legen und die Creme zügig stürzen. Die Glasförmchen abnehmen und die Karamellsauce über die Creme laufen lassen. Die Heidelbeeren mit dem Sud daneben anrichten. Mit Mini-Basilikum garnieren.

BEEREN-TRIFLE MIT HASELNUSS-CREME

Für 4 Personen – Sous-Vide-Garzeit: Beeren 25 Min. bei 65 °C, gesamt: 1 Std.

Für die Beeren
200 g Himbeeren
200 g Johannisbeeren
200 g Heidelbeeren
2 EL flüssiger Honig
50 ml Holundersaft

Für den Biskuit
2 Eier
50 g Zucker
50 g Mehl Type 405
30 g Speisestärke

Für die Haselnuss-Creme
100 g Haselnusskerne
95 g Zucker
250 ml Vollmilch
2 Eigelb
25 g Speisestärke
150 g kalte flüssige Sahne

Zum Anrichten
4 EL Orangenlikör
50 ml Orangensaft
Minze zum Garnieren

Beeren: Das Wasserbad auf 65 °C vorheizen. Die Beeren verlesen, waschen und trocknen. Die Beerenmischung mit dem Honig und dem Holundersaft in einen Folienbeutel füllen, vakuumieren und 25 Minuten im Wasserbad garen. Die Beerenmischung abkühlen lassen. Vor der Weiterverwendung den Inhalt des Vakuumbeutels in eine Schale umfüllen.

Biskuit: Den Boden einer Springform (24 cm Durchmesser) mit Backpapier auslegen. Die Eier und den Zucker in der Küchenmaschine dickcremig-weiß aufschlagen. Das Mehl mit der Speisestärke mischen, über den Eierschaum sieben und behutsam unterheben. Den Biskuitteig im auf 180 °C (Ober-/Unterhitze; 160 °C Umluft) vorgeheizten Backofen 20 Minuten backen. Den Biskuitboden abkühlen lassen, aus der Springform lösen und würfeln.

Haselnuss-Creme: Die Haselnüsse fein hacken und in einer Pfanne ohne Fett anrösten. 45 g Zucker (3 EL) einstreuen und karamellisieren lassen. Die Nusskaramellmasse auf einem Bogen Backpapier verteilen und abkühlen lassen. Die Milch in einem Topf aufkochen und leicht abkühlen lassen. Das Eigelb und den restlichen Zucker (50 g) mit einem Schneebesen verrühren. Die Speisestärke hinzugeben und unterrühren. Die heiße Milch unter ständigem Rühren dazugießen. Die Masse in den Topf gießen, aufkochen und 1 Minute kochen lassen. Die Creme in eine kalte Schüssel umfüllen und abgedeckt auf Eiswasser abkühlen lassen. Den Haselnusskaramell zerbröseln. Die Sahne steif schlagen und mit dem Haselnusskrokant unter die abgekühlte Creme heben.

Anrichten: Den Orangenlikör mit dem Orangensaft mischen. Die Biskuitwürfel als unterste Schicht in Schalen füllen. Mit Orangensud beträufeln. Die Beeren und die Haselnuss-Creme abwechselnd daraufgeben, mit Minzblättern garnieren.

NOUGAT-CRÈME-BRÛLÉE MIT APRIKOSEN-SORBET

Für 4 Personen – Sous-Vide-Garzeit: Aprikosen 25 Min. bei 80 °C, gesamt: 1 Std. (+ über Nacht kühlen)

Für das Aprikosensorbet
500 g Aprikosen
75 g brauner Zucker
50 ml trockener Weißwein
½ Vanilleschote

Für die Nougat-Creme brûlée
100 ml Vollmilch
200 g flüssige Sahne
4 Eigelb
1 Prise Salz
100 g dunkler Nougat
4 Sturzgläser (à 165 ml) mit Gummiring, Glasdeckel und Schnappverschlüssen

Zum Anrichten
4 TL brauner Zucker

Aprikosensorbet: Das Wasserbad auf 80 °C vorheizen. Die Aprikosen waschen, halbieren, entsteinen und mit dem Zucker, dem Wein, dem ausgekratzten Vanillemark und der aufgeschlitzten Vanilleschote in Folienbeutel füllen, vakuumieren und 25 Minuten im Wasserbad garen. Anschließend den Inhalt des Vakuumbeutels ohne die Vanilleschote in einen Standmixer umfüllen und fein pürieren. Aus dem Aprikosenpüree in der Eismaschine entsprechend der Gebrauchsanweisung ein cremiges Sorbet herstellen. Alternativ die Sorbetgrundmasse in eine Form füllen und diese im Gefrierschrank einfrieren. Dabei in den ersten Stunden mehrmals kräftig umrühren. Rechtzeitig vor dem Servieren das Sorbet aus dem Gefrierschrank nehmen und etwas antauen lassen.

Nougat-Crème-Brûlée: Das Wasserbad auf 80 °C temperieren. Die Milch, die Schlagsahne, das Eigelb und das Salz verrühren. Den Nougat würfeln. Die Sahnemischung zusammen mit den Nougatwürfeln in einen Folienbeutel füllen, vakuumieren und 6 Minuten im Wasserbad erwärmen, bis der Nougat geschmolzen ist. Anschließend den Inhalt des Vakuumbeutels in eine Schüssel füllen und verrühren. Die Nougat-Creme auf die vier Sturzgläser verteilen. Die Gummiringe und die Deckel aufsetzen und mit den Klips verschließen, in Folienbeutel füllen, vakuumieren und 40 Minuten im Wasserbad garen. Anschließend die Gläser über Nacht abkühlen lassen. Vor dem Servieren die Gläser öffnen.

Anrichten: Jede Nougat-Crème-Brûlée mit 1 TL Zucker bestreuen. Mithilfe eines Küchenbunsenbrenners die Zuckerschicht goldbraun karamellisieren und mit einer Nocke Aprikosensorbet servieren.

SCHOKOLADENPUDDING MIT KIRSCHEN UND ZIMTSAHNE

Für 4 Personen – Sous-Vide-Garzeit: Pudding 45 Min. und Kirschen 10 Min. bei 85 °C, gesamt: 1 Std. 20 Min.

Für den Schokoladenpudding

Butter zum Einfetten
50 g gemahlene, geschälte Mandelkerne + etwas für die Gläser
50 g Haferkekse
10 g Backkakaopulver
2 TL Backpulver
2 Eier
1 Prise Salz
40 g Zucker
50 ml Vollmilch
4 Sturzgläser (à 350 ml) mit Deckel

Für die Kirschen

250 g entsteinte Sauerkirschen (TK oder frisch)
2 EL flüssiger Honig
Saft von ½ Zitrone

Für die Zimtsahne

1 Blatt Gelatine
200 g flüssige Sahne
1 EL Puderzucker
1 TL gemahlener Zimt

Schokoladenpudding: Das Wasserbad auf 85 °C vorheizen. Die Gläser mit Butter einfetten und mit gemahlenen Mandeln ausstreuen. Die Kekse im Mixer sehr fein mahlen und mit dem Kakao, den Mandeln und dem Backpulver mischen. Die Eier trennen. Die Eiweiß mit einer Prise Salz steif schlagen. Dabei nach und nach die Hälfte des Zuckers (20 g) einstreuen. Das Eigelb mit dem restlichen Zucker (20 g) dickschaumig aufschlagen. Die Brösel-Mandel-Mischung und die Milch zum aufgeschlagenen Eigelb geben und unterheben. Den Eischnee in zwei Portionen unter die Masse heben. Die Puddinggrundmasse in die Gläser füllen, mit dem Deckel verschließen, vakuumieren und 45 Minuten im Wasserbad garen.

Kirschen: Das Wasserbad auf 85 °C vorheizen. Die Kirschen mit dem Honig und dem Zitronensaft in einen Folienbeutel füllen, vakuumieren und 10 Minuten im Wasserbad garen. Die vakuumierten Kirschen zum Abkühlen beiseitestellen. Vor dem Servieren die Kirschen aus dem Vakuumbeutel nehmen und etwas abtropfen lassen.

Zimtsahne: Die Gelatine 10 Minuten in kaltem Wasser einweichen. Von der Sahne 2 EL abnehmen und beiseitestellen. Die restliche Sahne steif schlagen, den Puderzucker und den Zimt zugeben und unterschlagen. Die beiseitegestellte Sahne (2 EL) erwärmen und die gut ausgedrückte Gelatine darin auflösen. Die Gelatine-Mischung zur geschlagenen Sahne geben und behutsam unterheben. Die Zimtsahne in eine kleine Schüssel umfüllen und abgedeckt kalt stellen.

Anrichten: Die Gläser geöffnet auf die Teller verteilen. Einige Kirschen daraufgeben und je eine Nocke Zimtsahne darauflegen.

295

TRAUBEN-STILTON-TRIFLE

Für 4 Personen – Sous-Vide-Garzeit: Trauben 15 Min. bei 75 °C, gesamt: 30 Min.

Für das Traubenkompott
400 g blaue Trauben
3 EL flüssiger Akazienhonig
5 EL Aceto balsamico
1 Prise Salz
1 Prise frisch gemahlener schwarzer Pfeffer

Stilton-Creme
250 g Magerquark (< 10% Fettgehalt)
250 g Naturjoghurt (3,5 % Fettgehalt)
150 g weicher Stilton (englischer Blauschimmelkäse, alternativ Roquefort)
150 g flüssige Sahne
Salz
frisch gemahlener schwarzer Pfeffer
Saft und abgeriebene Schale von ½ unbehandelten Zitrone

Grissini-Brösel
8 Grissini

Zum Anrichten
2 Stängel Minze

Traubenkompott: Das Wasserbad auf 75 °C vorheizen. Die Trauben waschen und trocknen. Dann die Trauben mit dem Honig, dem Aceto balsamico, dem Salz und dem Pfeffer in einen Folienbeutel füllen, vakuumieren und 15 Minuten im Wasserbad garen. Den Vakuumbeutel abkühlen lassen. Vor dem Servieren das Traubenkompott in eine Schale umfüllen.

Stilton-Creme: Den Quark mit dem Joghurt, dem Stilton und der Sahne in der Küchenmaschine cremig aufschlagen. Die Käse-Creme mit Salz, Pfeffer, Zitronenschale und -saft würzig abschmecken.

Grissini-Brösel: Die Grissini in einem Gefrierbeutel mit einem Fleischklopfer grob zerbröseln.

Anrichten: Die Trauben, die Stilton-Creme und die Grissini abwechselnd in Gläser schichten. Mit fein geschnittener Minze bestreut servieren.

ANANAS IN KAFFEESIRUP MIT SAUERRAHMEIS

Für 4 Personen – Sous-Vide-Garzeit: Ananas 10 Min. bei 85 °C, gesamt: 1 Std.

Für die Ananas

1 reife Ananas
50 g Zucker
50 g Kaffeebohnen

Für das Sauerrahmeis

500 g Sauerrahm
100 g Zucker
Saft von 1 Zitrone
100 g flüssige Sahne

Gewürznüsse

50 g Walnusskerne
1 TL Raz el-Hanout

Ananas: Das Wasserbad auf 85 °C vorheizen. Die Ananas schälen, den Strunk entfernen und das Fruchtfleisch in dünne Scheiben schneiden. Den Zucker und die Kaffeebohnen mit 50 ml Wasser aufkochen. Die Ananascheiben zusammen mit dem Kaffeesirup in einen Folienbeutel füllen, vakuumieren und 10 Minuten im Wasserbad garen. Den Vakuumbeutel abkühlen lassen, anschließend die Ananasscheiben in eine Schale umfüllen, dabei den Kaffeesirup auffangen. Den Kaffeesirup durch ein Sieb gießen.

Sauerrahmeis: Den Sauerrahm mit dem Zucker, dem Zitronensaft und der Sahne verrühren. In der Eismaschine entsprechend der Gebrauchsanweisung ein cremiges Eis herstellen. Alternativ die Eisgrundmasse in eine Form füllen und diese im Gefrierschrank einfrieren. Dabei in den ersten Stunden mehrmals kräftig umrühren. Rechtzeitig vor dem Servieren das Eis aus dem Gefrierschrank nehmen und etwas antauen lassen.

Gewürznüsse: Die Walnusskerne grob hacken und in einer Pfanne ohne Fett anrösten. Mit dem Raz el-Hanout mischen und zum Abkühlen in eine Schale umfüllen.

Anrichten: Die Ananasscheiben auf den Tellern auslegen und mit Kaffeesirup beträufeln. Eine Nocke Sauerrahmeis daneben anrichten. Mit den Gewürznüssen bestreuen.

SCHOKOLADENMILCHREIS MIT MINZE

Für 4 Personen – Sous-Vide-Garzeit: Milchreis 65 Min. bei 85 °C, gesamt: 1 Std. 10 Min.

Für den Milchreis
150 g Milchreis
400 ml Vollmilch
150 g flüssige Sahne
100 g Zartbitterschokolade (60% Kakaogehalt)

Für die Minzsauce
1 Bund frische Minze oder ½ TL getrocknete Pfefferminze
100 ml Vollmilch
100 g flüssige Sahne
50 g Zucker

Für die Mandelblättchen
50 g Mandelblättchen

Zum Anrichten
frische Minze, Blätter abgezupft

Milchreis: Das Wasserbad auf 85 °C vorheizen. Den Milchreis, die Milch, die Sahne und die Schokolade in einen Folienbeutel füllen, vakuumieren und 65 Minuten im Wasserbad garen. Den Milchreis aus dem Vakuumbeutel in eine flache Schale umfüllen und verrühren.

Minzssauce: Die Minze waschen, trocknen und die Blätter abzupfen. Die Milch mit der Sahne, dem Zucker und der Minze aufkochen und bei mittlerer Temperatur dickflüssig einkochen lassen. Vor dem Servieren die frische Minze entfernen.

Mandelblättchen: Den Backofen auf 180 °C Ober-/Unterhitze (160 °C Umluft) vorheizen. Die Mandelblättchen auf einem mit Backpapier ausgekleideten Backblech in einer dünnen Schicht verteilen und im vorgeheizten Backofen goldbraun rösten. Dabei gut kontrollieren, dass die Mandelblättchen nicht zu dunkel werden. Anschließend zum Abkühlen beiseitestellen.

Anrichten: Den Milchreis in Schalen füllen. Mit der Minzsauce beträufeln und mit den Mandelblättchen und Minzblättern garnieren.

ROSMARINAPFEL MIT HONIG UND ZIEGENKÄSE

Für 4 Personen – Sous-Vide-Garzeit: Apfel 15 Min. bei 85 °C, gesamt: 30 Min.

Für den Rosmarinapfel

3 kleine rotschalige Äpfel
Saft von ½ Zitrone
2 Zweige Rosmarin
20 ml Olivenöl
100 g große Ziegenkäserolle
2 EL flüssiger Honig
1 EL weiße Sesamsaat

Zum Anrichten

Fleur de Sel
½ Baguette

Rosmarinapfel: Das Wasserbad auf 85 °C vorheizen. Die Äpfel waschen und in 3 cm dicke Scheiben schneiden. Das Kerngehäuse aus den Scheiben stechen. Die Apfelscheiben flach nebeneinanderliegend mit dem Zitronensaft, dem Rosmarin und dem Olivenöl in einen Folienbeutel füllen, vakuumieren und 15 Minuten im Wasserbad garen. Dann die Apfelscheiben abkühlen lassen.

Den Backofen auf 220 °C Grillfunktion vorheizen. Die Apfelscheiben aus dem Vakuumbeutel nehmen und nebeneinander auf ein mit Backpapier ausgekleidetes Backblech oder in eine gefettete Auflaufform legen. Die Kräuterzweige entfernen. Den Sud aus dem Vakuumbeutel darüber verteilen. Den Ziegenkäse in dünne Scheiben schneiden und diese auf die Apfelscheiben legen. Mit dem Honig beträufeln und etwas Sesamsaat darüberstreuen. Die Apfelscheiben im Backofen auf der mittleren Schiene 5 Minuten überbacken.

Anrichten: Die überbackenen Rosmarinäpfel mit Fleur de Sel bestreuen und mit Baguette servieren.

SÜSSE GEWÜRZFALAFEL AUF SAFRANBIRNEN

Für 4 Personen – Sous-Vide-Garzeit: Birnen 25 Min. bei 85 °C, gesamt: 1 Std. (+ über Nacht marinieren)

Für die Safranbirnen

2 Birnen
1 EL flüssiger Honig
etwa 15 Safranfäden
100 ml trockener Weißwein
Saft von 1 Zitrone

Für die Gewürzfalafel

300 g getrocknete Kichererbsen
1 Milchbrötchen vom Vortag
50 ml Vollmilch
1 Ei
1 TL Backpulver
Saft von ½ Zitrone
1 EL Vanillezucker
½ TL gemahlener Zimt
1 TL Koriandersamen, gemörsert
1 TL Kreuzkümmelsamen, gemösert
1 Prise Salz
1 l Sonnenblumenöl

Zum Anrichten

Puderzucker zum Bestauben

Safranbirnen: Das Wasserbad auf 85 °C vorheizen. Die Birnen waschen, schälen und links und rechts vom Kerngehäuse in 1 cm dicken Scheiben abschneiden. Die Birnenscheiben zusammen dem Honig, dem Safran, dem Wein und dem Zitronensaft in einen Folienbeutel füllen, vakuumieren und 25 Minuten im Wasserbad garen. Den Vakuumbeutel abkühlen und die Birnen darin über Nacht durchziehen lassen. Vor dem Servieren die Birnen aus dem Vakuumbeutel nehmen und abtropfen lassen, dabei den Sud auffangen. Dann den Sud dickflüssig einkochen.

Gewürzfalafel: Die Kichererbsen über Nacht in kaltem Wasser einweichen. Anschließend das Wasser abgießen, die Kichererbsen abspülen und gut abtropfen lassen. Das Milchbrötchen würfeln und in der lauwarmen Milch einweichen. Die Kichererbsen zusammen mit dem eingeweichten Milchbrötchen, dem Ei, dem Backpulver, dem Zitronensaft, dem Vanillezucker und den Gewürzen in einem Standmixer pürieren. Das Sonnenblumenöl in einem Topf auf 160–170 °C erhitzen. Aus der Kichererbsenmasse gegebenenfalls mithilfe eines Eisportionierers Bällchen formen. Die Bällchen portionsweise schwimmend im heißen Fett goldbraun und knusprig ausbacken. Auf Küchenpapier abtropfen lassen.

Anrichten: Die Birnenscheiben mit dem Sud auf die Teller verteilen. Die warmen Falafel darauflegen und mit Puderzucker bestaubt servieren.

SÜSSE GEWÜRZPOLENTA MIT ZWETSCHGENKOMPOTT

Für 4 Personen – Sous-Vide-Garzeit: Zwetschgen 18 Min. bei 75 °C, Polenta 25 Min. bei 85 °C, gesamt: 1 Std. 15 Min. (+ über Nacht durchziehen lassen)

Für das Zwetschgenkompott
500 g Zwetschgen
1 Zimtstange
2 EL Orangenmarmelade
30 ml Pflaumenwein

Für die Polenta
100 g Polentagrieß
2 Kardamomkapseln
1 Sternanis
1 Zimtstange
20 g Zucker
550 ml Vollmilch
50 g flüssige Sahne

Für den Schoko-Amaranth
4 EL gepuffter Amaranth
50 g weiße Schokolade

Zwetschgenkompott: Das Wasserbad auf 75 °C vorheizen. Die Zwetschgen waschen, halbieren und entsteinen. Die Früchte klein würfeln und mit der Zimtstange, der Marmelade und dem Pflaumenwein in einen Folienbeutel füllen, vakuumieren und 18 Minuten im Wasserbad garen. Anschließend die Zwetschgen abkühlen und über Nacht durchziehen lassen. Die Zwetschgen dann durch ein Sieb in einen Topf abgießen und beiseitestellen. Den Sud bei mittlerer Temperatur dickflüssig einkochen, vom Ofen nehmen und die Zwetschgen unterheben.

Polenta: Das Wasserbad auf 85 °C vorheizen. Den Polentagrieß mit dem Kardamom, dem Sternanis, der Zimtstange, dem Zucker und der Milch in einen Folienbeutel füllen, vakuumieren und 25 Minuten im Wasserbad garen. Den Beutel aus dem Wasserbad nehmen und 30 Minuten abkühlen lassen. Die Polenta in eine Schüssel umfüllen und die Gewürze (Kardamom, Sternanis und Zimtstange) herauslesen. Die Sahne halbsteif schlagen und unter die Polenta heben.

Schoko-Amaranth: Das Wasserbad auf 85 °C vorheizen. Den Amaranth und die Schokolade in einen Folienbeutel füllen, vakuumieren und für 5 Minuten zum Schmelzen der Schokolade ins Wasserbad legen. Anschließend den Vakuumbeutel gut durchkneten. Den vakuumierten Schoko-Amaranth anschließend ausstreichen und den Vakuumbeutel flach auf einer Platte liegend abkühlen lassen. Vor dem Servieren die Platte in schmale Streifen schneiden und die Folie abziehen.

Anrichten: Die Polenta in Schalen füllen und das Zwetschgenkompott darüber verteilen. Mit einem Streifen Schoko-Amaranth garnieren.

RHABARBERKALTSCHALE MIT BUTTERMILCHMOUSSE

Für 4 Personen – Sous-Vide-Garzeit: Rhabarber 15 Min. bei 75 °C, gesamt: 1 Std. (+ über Nacht durchziehen lassen)

Für den Rhabarber
300 g Rhabarber
50 g Zucker
250 ml Rosé-Sekt
½ Vanilleschote

Für die Buttermilchmousse
6 Blatt Gelatine
500 ml Buttermilch
Schale von 1 unbehandelten Zitrone
Mark von ½ Vanilleschote
2 Eiweiß
Salz
50 g Zucker

Für den Buchweizenkaramell
50 g Buchweizenkörner
2 EL brauner Zucker

Rhabarber: Das Wasserbad auf 75 °C vorheizen. Den Rhabarber waschen, schälen und klein würfeln. Zusammen mit dem Zucker, dem Sekt, dem ausgekratzten Vanillemark und der aufgeschlitzten Vanilleschote in einen Folienbeutel füllen, vakuumieren und 15 Minuten in Wasserbad garen. Anschließend abkühlen und über Nacht durchziehen lassen. Vor dem Servieren die Vanilleschote entfernen.

Buttermilchmousse: Für die Buttermilchmousse die Gelatine 10 Minuten in kaltem Wasser einweichen. 2 EL Buttermilch abnehmen und beiseitestellen. Die restliche Buttermilch mit der abgeriebenen Zitronenschale und dem Vanillemark glattrühren. Die beiseitegestellte Buttermilch in einem kleinen Topf erwärmen und die gut ausgedrückte Gelatine darin auflösen. Die Gelatine-Buttermilch-Mischung zur übrigen Buttermilch geben und unterrühren. Die Creme kalt stellen. Das Eiweiß mit einer Prise Salz steif schlagen, dabei den Zucker nach und nach einrieseln lassen. Sobald die Creme zu gelieren beginnt, den Eischnee unterheben. Die Buttermilchmousse vor dem Servieren abgedeckt 3–4 Stunden kalt stellen.

Buchweizenkaramell: Den Buchweizen in einer Pfanne ohne Fett anrösten, bis er zu duften beginnt. Den braunen Zucker darüberstreuen und die Buchweizenkörner karamellisieren. Anschließend zum Abkühlen flach auf Backpapier verteilen. Den kalten Buchweizenkaramell zerbröseln.

Anrichten: Die Rhabarberkaltschale in eisgekühlte Teller oder Schalen füllen. Je zwei Nocken Buttermilchmousse darauf anrichten und mit dem Buchweizenkaramell garnieren.

ZITRUS-SALAT MIT CANTUCCINI UND VANILLE-CREME

Für 4 Personen – Sous-Vide-Garzeit: Zitrusfilets 15 Min. bei 54 °C, gesamt: 40 Min.

Für den Zitrus-Salat
2 Orangen
2 Grapefruit
1 Zitrone
1 Limette
20 ml Orangenlikör
12 Cantuccini

Vanille-Creme
150 g flüssige Sahne
2 EL Puderzucker
Mark von ½ Vanilleschote
150 g Sauerrahm

Zitrus-Salat: Das Wasserbad auf 54 °C vorheizen. Alle Zitrusfrüchte so schälen, dass die gesamte weiße Haut mit entfernt ist. Die Filets zwischen den Trennhäuten herausschneiden und den abtropfenden Saft auffangen. Die Filets mit dem Saft und dem Orangenlikör in einen Folienbeutel füllen, vakuumieren und 15 Minuten im Wasserbad garen. Den Vakuumbeutel anschließend zum Abkühlen beiseitelegen. Vor der Weiterverwendung in eine Schale umfüllen. Die Cantuccini in Dessertschalen verteilen. Den Zitrus-Salat mit dem Sud darauf verteilen und 30 Minuten durchziehen lassen.

Vanille-Creme: Die Sahne mit dem Puderzucker und dem Vanillemark steif schlagen. Den Sauerrahm zugeben und kurz unterschlagen.

Anrichten: Eine große Nocke Vanille-Creme auf den vorbereiteten Dessertgläsern mit dem Zitrus-Salat anrichten.

WEISSE SCHOKOLADENTARTELETTES MIT GIN-ERDBEEREN

Für 4 Personen – Sous-Vide-Garzeit: Erdbeeren 10 Min. bei 65 °C,
gesamt: 1 Std. 15 Min. (+ 2–3 Std. kühlen)

Für den Tartelette-Boden

150 g Weizenmehl Type 405
75 g kalte Butter + etwas für die Form
50 g Puderzucker
1 Prise Salz
getrocknete Hülsenfrüchte (z. B. Erbsen) zum Blindbacken

Für die Schokoladenfüllung

½ Vanilleschote
300 g weiße Kuvertüre
100 g flüssige Sahne

Für die Gin-Erdbeeren

500 g gleich große Erdbeeren
30 ml Gin

Zum Anrichten

2 Stängel Minze, Blätter abgezupft

Tartelette-Boden: Den Backofen auf 180 °C Ober-/ Unterhitze (160 °C Umluft) vorheizen. Für den Boden das Mehl mit der gewürfelten Butter, dem Puderzucker, dem Salz und 1 EL kaltem Wasser rasch zu einem glatten Teig verkneten. Den Teig zu einer Kugel formen und abgedeckt 30 Minuten ruhen lassen. Die Tartelette-Formen (12 cm Durchmesser) mit Butter fetten. Den Teig vierteln und jeweils auf Größe der Formen ausrollen. Die Teigplatte in die Formen legen und den Rand etwa 1 cm hoch andrücken. Mit einem passenden Stück Backpapier belegen und die Hülsenfrüchte zum Blindbacken einfüllen. Auf der mittleren Schiene die Tartelette-Böden 15 Minuten backen. Anschließend das Backpapier mit den Hülsenfrüchten entfernen und die Böden abkühlen lassen.

Schokoladenfüllung: Das Wasserbad auf 65 °C vorheizen. Die Vanilleschote mit einem spitzen Messer aufschlitzen und das Mark auskratzen. Die Kuvertüre mit dem Vanillemark und der Sahne in einen Folienbeutel füllen, vakuumieren und etwa 8 Minuten im Wasserbad schmelzen. Anschließend den Vakuumbeutel kräftig durchkneten und schütteln, damit sich alle Zutaten gut vermischen. Bis zur Weiterverarbeitung warmstellen. Die Schokoladenmasse in die Tartelette-Böden füllen, glattstreichen und abgedeckt 2–3 Stunden (oder über Nacht) kaltstellen.

Gin-Erdbeeren: Das Wasserbad auf 65 °C vorheizen. Die Erdbeeren abbrausen, abtropfen lassen, putzen und halbieren. Die Erdbeerhälften mit dem Gin in einen Folienbeutel füllen, vakuumieren und 10 Minuten im Wasserbad garen. Dann zum Abkühlen beiseitelegen.

Anrichten: Die Erdbeeren mit dem entstandenen Sud auf der festgewordenen Schokoladenfüllung verteilen und die Schokoladentartelettes mit Minzblättern garnieren.

TIPP

Geschmolzene Schokolade kann sehr gut auf dem Deckel des Wasserbads warmgehalten werden, damit sie nicht wieder fest wird.

HASELNUSS-STACHELBEER-TÖRTCHEN MIT BAISER

Für 4 Personen – Sous-Vide-Garzeit: Stachelbeeren 25 Min. bei 75 °C, gesamt: 1 Std. 15 Min. (+ über Nacht durchziehen lassen)

Für die Stachelbeer-Füllung

300 g Stachelbeeren
100 ml Kirschsaft
1 EL flüssiger Honig

Für den Tartelette-Boden

½ Zweig Rosmarin
40 g Haselnusskerne
40 g brauner Zucker
120 g Weizenvollkornmehl
80 g kalte Butter + etwas für die Formen
1 Prise Salz
2 EL gemahlene Haselnusskerne
getrocknete Hülsenfrüchte zum Blindbacken

Für das Baiser

3 Eiweiß
1 Prise Salz
75 g Zucker

Stachelbeer-Füllung: Das Wasserbad auf 75 °C vorheizen. Die Stachelbeeren putzen und waschen. Die Beeren zusammen mit dem Kirschsaft und dem Honig in einen Folienbeutel füllen, vakuumieren und 25 Minuten im Wasserbad garen. Anschließend kühlen und über Nacht durchziehen lassen. Die Stachelbeeren aus dem Vakuumbeutel nehmen und dabei den Sud in einen Topf auffangen. Den Sud anschließend dickflüssig einkochen. Die Stachelbeeren unterrühren und die Füllung abkühlen lassen.

Tartelette-Boden: Den Backofen auf 180 °C Ober-/Unterhitze vorheizen. Den Rosmarin waschen, gut trocken und die Nadeln abzupfen. Die Haselnusskerne, den Rosmarin und den Zucker im Standmixer fein mahlen. Die Mischung mit dem Mehl, der gewürfelten Butter, dem Salz und 1 EL Wasser rasch zu einem Mürbeteig verkneten. Einen flachen Block formen und diesen abgedeckt 30 Minuten kaltstellen. Die Tartelette-Formen (10–12 cm Durchmesser) mit Butter einfetten und mit gemahlenen Haselnüssen ausstreuen. Den Teig vierteln und auf einer bemehlten Arbeitsfläche auf die Größe der Formen ausrollen. Die Formen mit den Teigplatten auskleiden und einen etwa 1 cm hohen Rand andrücken. Die Teigböden mit Backpapier bedecken und die Hülsenfrüchte einfüllen. Auf der mittleren Schiene die Tartelette-Böden 15 Minuten backen. Anschließend das Backpapier mit den Hülsenfrüchten entfernen und die Böden abkühlen lassen.

Baiser: Das Eiweiß mit einer Prise Salz steif schlagen, dabei den Zucker nach und nach einrieseln lassen. Die Baisermasse in einen Spritzbeutel mit großer Lochtülle füllen.

Anrichten: Die Stachelbeerfüllung auf die Tartelette-Böden verteilen. Die Baisermasse in Tupfen auf den Stachelbeeren verteilen und mithilfe eines Küchenbunsenbrenners kurz goldbraun abflämmen.

OFF
ON
Gourmet Saver
VAC
TEMP

Für die freundliche und großzügige Unterstützung unseres Fotoshootings geht ein herzliches Dankeschön an:

KOMET Maschinenfabrik GmbH
Am Filswehr 1, 73207 Plochingen
Tel. +49 (7153) 83 25 0
KOMET@vakuumverpacken.de

KOMET bietet ein breites Produktspektrum an Gourmet-Thermalisierern und Vakuumverpackungsmaschinen und damit für jeden Bedarf die richtige Lösung – egal ob professioneller Verwender oder ambitionierter Hobbykoch. Das ganze Sortiment sowie viele weitere Informationen finden Sie unter www.vakuumverpacken.de.

REZEPTREGISTER

A

Afrikanisches Bobotie im Glas 108
Albondigas in Tomatensugo 142
Ananas in Kaffeesirup mit Sauerrahmeis 297
Andalusischer Fischtopf 224
Aprikosen-Galette mit Vanilleeis 278
Asia-Forellenfilet mit Yuzu-Creme auf Glasnudelsalat 210

B

BBQ Pollo fino mit süßsauren Zwiebelringen, Kopfsalat und Avocado 202
Beef Brisket mit Kürbis-Pflaumen-Chutney 50
Beeren-Trifle mit Haselnuss-Creme 290
Bergamotte-Entenbrust auf Mirabellen und Steckrüben 198
Bobotie, afrikanisches, im Glas 108
Bräuer, Bobby 130

C

Caesar Salad mit Perlhuhnbrust 180
Calamaretti all'Amatriciana 266
Calamaretti, gefüllte, auf Apfel-Gurken-Salat 258
Carpaccio von der Ochsenbacke mit Pickled Fenchel, Feldsalat und Nusscrunch 26
Chimichurri-Rippchen mit Pfirsich-Spitzkohl-Salat 164
Chorizo, gegrillte, mit Cantaloupe-Melone, Champignons und Rucola 141
Coq au Cidre, Kartoffeltarte und Traubenkompott 194
Crostini mit Radieschen-Ricotta und Schweinebäckchen 134
Crunchy Porchetta 166

D

Dicke Rippe vom Grill mit Rauchsalz-Butter und 7-Kräuter-Pesto 170
Drumsticks, marinierte, mit Sriracha-Mayonnaise 176

E

Eismeergarnelen auf grünem Spargel 261
Entenbrust in Lavendelhonig auf Kartoffel-Dattel-Stampf 182
Entenkeule, Rosenkohl, Walnüsse und krosse Kartoffelwürfel 188
Entrecôte, gegrilltes, in Orangen-Ingwer-Rub und Kürbis-Brot-Salat 36
Entrecôte vom US-Rind im Heu mit Kartoffel-Sellerie-Püree und Rotweinbutter 62
Exotischer Rumtopf mit Vanilleeis 280

F

Fingerlicking Wings mit Caipirinha-Ketchup 186
Fischtopf, andalusischer 224
Forellen-Ceviche mit Gewürztomaten und Grissini 214

G

Gänseragout auf Soba-Nudeln mit Pak Choi und Limette 200
Garnelen-Bowl mit Kichererbsen, Granatapfel und Feldsalat 256
Gewürzfalafel, süße, auf Safranbirnen 302
Gewürzhuhn, plattes, mit Spinat, Rosinen und Reis 179
Gewürzpolenta, süße, mit Zwetschgenkompott 304
Graved-Lachs-Pralinen auf Roten Beten und Pumpernickelbröseln 215
Gua Bao 168

H

Hähnchen-Saltimbocca auf Kokos-Steckrüben-Püree mit Feigen 203
Haselnuss-Stachelbeer-Törtchen mit Baiser 312
Heilbutt, in Salbeiöl pochierter, auf Bulgursalat 236
Heilbutt mit Meerrettichmousse, Avocado-Creme, Zitrus-Buchweizen-Crunch 206
Hummer in Gewürzbutter mit Lauch, Ingwer und Dill 268
Hummersalat mit Pancettabröseln 250

I

Involtini vom Kalbsrücken mit Sellerie, Apfel und Bärlauch 70

J

Joghurtfladen mit Kalbskotelett, Avocado und Cheddar 72

K

Kabeljau in Sesamöl mit Bulgur, Rosenkohl und Physalis 234
Kabeljau mit Parmaschinken, dicken Bohnen und Krabbenbutter 240
Kalbsbäckchen-Salat mit Spargel, Apfel und Sonnenblumenkernen 76
Kalbsbrust, gefüllte, auf Süßkartoffel-Zwiebel-Stampf 94

Kalbsfilet mit Miso-Creme, Thai-Spargel, Shiitake-Pilzen und Portulak 82
Kalbshaxe, gekräuterte, mit Sellerie-Oliven-Püree, Petersilienöl und Selleriechips 88
Kalbshaxe in Aspik mit Kapern, Dill und Gurke 66
Kalbskotelett, gegrilltes, mit Maiswaffeln und Ananassalat 98
Kalbsnuss mit gebratenen Bittersalaten, Dukkah und Blutorangenjus 84
Kalbsragout von der Haxe mit Morcheln und »Spargelnudeln« 90
Kalbsrücken im Ganzen mit »spicy« Karotten und gebratenen Kräuterseitlingen 96
Kalbsrücken, kalt aufgeschnittener, mit Honig-Senf-Sauce und Asia-Kresse 68
Kalbstafelspitz, rosa, mit Senf-Hollandaise und gebratenem Brokkoli 86
Königsberger Klopse 81
Kürbiskern-Creme mit Mangoragout 284

L

Lafer, Johann 58, 62
Lamm in Minzjoghurt mit Sumach-Karotten 114
Lamm-Ćevapčići mit Kürbis und Ajvar-Creme 128
Lammcurry »all in« 110
Lammfilets auf Blutampfersalat mit Brombeeren und Kapern 102
Lammhackbällchen mit Vanille, Oliven und Risoni 117
Lammkebap, gegrillte, mit Curryhirse und scharfen Ingwer-Tomaten 124
Lammkeule in Olivenöl gegart mit Knoblauchpüree und grünem Spargel 126
Lammkoteletts mit Mango-Tamarinden-Sauce 104
Lamm-Kürbis-Rouladen auf gebratenem Spitzkohl 116
Lammrücken mit Pancetta, Tomaten, Kapern und Staudensellerie 112
Lammstelzen in Rosmarin, Knoblauch und Rotwein, mit Petersilienwurzel-Creme und Rucola-Walnuss-Pesto 122
Lammtopf, marokkanischer, mit Safranreis 120
Lebkuchenbrownie mit Gin-Kumquats 285
Limetten-Cheesecake mit Mango 276
Linsenbowl, scharfe, mit Jakobsmuscheln, Tomaten und Koriander 264
Linsencurry mit gebeizten Lachs-Satés 228

M

Maispoulardenbrust, in Wacholderöl gegarte, auf Petersilienwurzel-Creme 192
Makrele im Thai-Sud auf Sesam-Karotten-Salat und geröstete weiße Bohnen 222
Marokkanischer Lammtopf mit Safranreis 120
Meerbarbenfilets auf Kokoslinsen und Spinat 246

N

Nektarinen mit Zitronenthymian, Pistazieneis und Schoko-Crumble 282
Nougat-Crème-Brûlée mit Aprikosensorbet 292

O

Ochsenbacke in Barolo mit Ochsenherztomaten und Pfifferlingen 42
Ochsenfetzen, Orangen-BBQ-Sauce und Ofenzucchini 60
Ossobuco mit Orangengremolata und Dattel-Rotkohl 34

P

Pasta mit Garnelen, rotem Pesto und Basilikum 270
Pfirsichtarte mit Whisky-Creme 286
Pimientos, gefüllte, de Padrón 260
Pollo fino auf Erbsen-Sprossen-Salat 184
Porchetta-Salat mit Radieschen 140
Pork Bites, Spicy 136
Pulled Beef und Pickled Curry-Kohlrabi im Black Bun 46
Pulled Pork mit White-BBQ-Sauce und Rotkohl-Slaw 154
Pulpo vom Grill, Kräuteröl und gegrillten Tomaten 272
Putenbrust im Schweinenetz mit Taboulé und Kürbishummus 190
Putenkeule, marinierte, auf Schalotten-Creme, Polenta und Mango 196

R

Rahm-Kalbsbäckchen mit Zitrus-Lauch-Risotto 92
Rhabarberkaltschale mit Buttermilchmousse 306
Riesengarnelen in Zitronengras-Kokos-Sud 262
Rinderbrust mit Wasabi-Sauce und grünem Bouillongemüse 40
Rinderfilet mit Kräuterbutter 38
Rinderhüfte mit Schokoladen-Balsamico und Chicorée 44
Rindernuss in Olivenöl und Kräutern gegart mit Gemüse-Tomaten-Sugo 32
Rippchen, gegrillte, mit Curry Rub und Heidelbeer-Ketchup 150
Risotto mit gebratenem grünem Spargel und Salsiccia 148
Roastbeef mit Garnelen und Thunfisch-Creme 48
Roastbeef mit Sauce Béarnaise 49
Rosmarinapfel mit Honig und Ziegenkäse 300

Roulade vom falschen Filet mit Aprikosen, Rosmarin und Mandeln auf Kürbispolenta 56
Rumpsteak mit Curry-Blumenkohl und Cashew-Sesam-Mayonnaise 52
Rumtopf, exotischer, mit Vanilleeis 280

S

Safrancrêpes mit Kalbsfilet, Birne und Feldsalat 80
Salat mit Flanksteak, gegrillten Frühlingszwiebeln, Sojabohnen und Koriander 24
Salat mit Kalbsfilet, Champignons und Vanille-Pfeffer-Vinaigrette 78
Salzwiesenlamm mit San-Marzano-Liebstöckel-Tomaten-Vinaigrette 130
Sandwich von der gepökelten Haxe mit Feta, Radicchio und Melone 144
Schellfischragout mit Gurken-Avocado-Salat 226
Schinken mit Senfkruste 146
Schokoladenmilchreis mit Minze 298
Schokoladenpudding mit Kirschen und Zimtsahne 294
Schweinebäckchen, gekräuterte, auf Süßkartoffeltoast mit Tamarindensauce 162
Schweinefilet mit Asia-Rub, Glasnudel-Salat und Mini-Sesam-Auberginen 158
Schweinenacken in dunklem Weißbier gegart mit Treviso und Chili-Zwetschgen 152
Schweinenacken-Steaks für den Grill mit Auberginen-Paprika-Passata 160
Schweinenacken, Terrine vom 138
Schweinerücken in Kaffeebutter mit Grapefruit-Portulak-Salat und gegrillten Portobello-Pilzen 156
Schwertfisch auf Rote-Bete-Salat mit Orangenvinaigrette und bunten Sprossen 220
Schwertfisch-Tataki mit Ahorn-Soja-Lack auf Sesamcrackern und Brunnenkresse 218
Seeteufel in Zitronengrasöl gegart, grüne Bohnen und Ajvar 242
Smoked Whisky Turkey, gegrillte Aprikosen und Lauchsalat 174
Sommerrollen mit Pulled Beef, Rotkohl und Physalis 30
Spargelbouillabaisse 232
Spicy Pork Bites 136
Strammer Max »de luxe« mit Jakobsmuscheln 254
Stubenkükenbrust in Zimtmarinade mit Fenchel-Pomelo-Salat 178
Sushi-Bowl mit Lachs, Ingwer-Kürbis, Gurke und Mango 230

T

Tafelspitz, Frankfurter grüne Sauce, pochiertes Ei und gebackene Kartoffeln mit getrüffeltem Brie 58
Tafelspitz-Salat mit Spinat, Blaubeeren, Kürbiskernöl und Bacon-Crunch 74
Tandoori-Lammlachse auf Spinat-Creme und Knoblauchtomaten 118
Teriyaki-Garnelen auf Radieschensalat und Pesto 252
Terrine vom Schweinenacken 138
Thai BBQ Ribs 54
Thai-Rindfleisch-Salat 31
Tramezzini mit Tagliata, Kräutertomaten, Rucola und Parmesan 28
Tramezzini mit Thunfisch, Wachtelei und Avocado-Bohnen-Creme 212
Trauben-Stilton-Trifle 296

W

Wasabi-Lachs, Micro Leaves und Grapefruit-Cashew-Vinaigrette 208
Weiße Schokoladentartelettes mit Gin-Erdbeeren 310
Wolfsbarsch in Basilikum, Limette und Ingwer auf Kohlrabi-Nudeln 233
Wolfsbarsch in Kartoffel-Tomaten-Kräutersud 238
Wrap mit gezupfter Lammschulter, Feta-Creme und Petersilien-Salat 106

Z

Zanderfilet auf Speck-Kartoffel-Salat und Meerrettich 244
Zitronen-Crème-Caramel mit Heidelbeeren 288
Zitrus-Salat mit Cantuccini und Vanille-Creme 308
Zupflachs auf Kartoffel-Sellerie-Rösti und Wildkräutersalat 216

IMPRESSUM

Verantwortlich: Sonya Mayer
Umschlaggestaltung, Layout, Satz: A flock of sheep
Redaktion: Dr. Regina Roßkopf
Korrektorat: Franziska Sorgenfrei
Partnermanagement: Thomas Nehm
Repro: LUDWIG:media
Herstellung: Barbara Uhlig
Printed in Italy by Printer Trento

Unser komplettes Programm finden Sie unter:

www.christian-verlag.de

★★★★★

Sind Sie mit diesem Titel zufrieden? Dann würden wir uns über Ihre Weiterempfehlung freuen.

Erzählen Sie es im Freundeskreis, berichten Sie Ihrem Buchhändler oder bewerten Sie bei Onlinekauf. Und wenn Sie Kritik, Korrekturen, Aktualisierungen haben, freuen wir uns über Ihre Nachricht an

Christian Verlag
Postfach 40 02 09
D-8070 München
oder per E-Mail an lektorat@verlagshaus.de

DIE AUTORIN

Susann Kreihe ist ausgebildete Köchin. Von 2006 bis 2009 arbeitete sie als Johann Lafers Assistentin im »Table d'Or« und war im Team diverser ZDF-Kochshows tätig darunter »Lanz kocht«, »Lafer! Lichter! Lecker!«, »Topfgeldjäger« und »Die Küchenschlacht«. Seit 2009 arbeitet sie als freie Rezeptautorin und Foodstylistin und kann mit den Stars der Spitzenküche locker mithalten.

BILDNACHWEIS

Alle Fotografien stammen von Volker Goldmann (photoart) außer: Cover: adobeStock.com/ HLPhoto; S. 4–5: shutterstock.com/Oleksandra Navmenko; S. 9: shutterstock.com/hiphoto; S. 10: shutterstock.com/ Oleksandra Naumenko; S. 11: shutterstock.com/Gulsina; S. 17: shutterstock.com/its_al_dente; S. 18/19: shutterstock.com/Imagine Photographer; S. 20/21: shutterstock.com/Freedom-Photo; S. 199: shutterstock.com/giovanni boscherino; S. 259: shutterstock.com/AS Food Studio

DER BESONDERE DANK DES VERLAGS FÜR DIE UNTERSTÜTZUNG DIESES BUCHPROJEKTS GILT:

KOMET Maschinenfabrik GmbH
Am Filswehr 1, 73207 Plochingen
Tel. +49 (7153) 83 25 0
KOMET@vakuumverpacken.de

Die Deutsche Nationalbibliothek verzeichnet diese Publikation in der Deutschen Nationalbibliografie; detaillierte bibliografische Daten sind im Internet über http://dnb.d-nb.de abrufbar.

3. Auflage 2020

ISBN 978-3-95961-256-2